KB116918

언더독
멘탈 트레이닝

언더독
멘탈 트레이닝

1판 1쇄 인쇄 2024. 3. 11.
1판 1쇄 발행 2024. 3. 18.

지은이 이경준

발행인 박강휘
편집 고정용 디자인 조은아 마케팅 백선미 홍보 이한솔, 강원모
발행처 김영사
등록 1979년 5월 17일(제406-2003-036호)
주소 경기도 파주시 문발로 197(문발동) 우편번호 10881
전화 마케팅부 031)955-3100, 편집부 031)955-3200 | 팩스 031)955-3111

값은 뒤표지에 있습니다.
ISBN 978-89-349-5773-7 03320

홈페이지 www.gimmyoung.com   블로그 blog.naver.com/gybook
인스타그램 instagram.com/gimmyoung   이메일 bestbook@gimmyoung.com

좋은 독자가 좋은 책을 만듭니다.
김영사는 독자 여러분의 의견에 항상 귀 기울이고 있습니다.

언더독 멘탈 트레이닝

메탈 트레이닝

이경준 지음

100원도
없던 내가

100억
부자가
되었다

Underdog Mental Training

김영사

3 | 자, 이제 촬영을 시작하자

4 | 마지막 비밀: 책 좀 그만 읽어라

5 | 아직 못다 한 이야기

프롤로그

이 책을 읽는 데는 한 가지 규칙이 있다.

지금부터 '자기 비하'를 하지 않는다. 자기 비하를 할 때마다 경고 1회다. 흘려 읽지 않도록 다시 한번 이야기한다. 지금부터 자기 비하를 하지 말 것.

미국의 교육학자 레오 버스카글리아가 이런 말을 했다고 한다. "이 세상에서 가장 되기 쉬운 것은 자기 자신이고, 이 세상에서 가장 되기 힘든 것은 남들이 바라는 자기 자신이다."

사람들은 멘토를 찾곤 한다. 하지만 멘토가 없다고 해서 꼭 찾을 필요는 없다. 내 인생에도 특별한 멘토가 있는 건 아니었다. 직접 경험하고 깨달은 것이 내가 나아가야 할 방향을 고민하게 해주고, 나를 성장시켜주었기 때문이다. 경험이 곧 스승이었기에 가능한 일이었다.

나는 기본적으로 '남들이 할 수 있는 일은 나도 할 수 있다'고 생각한다. 나뿐 아니라 다른 이들도 노력만 한다면 그렇게 할 수 있을 것이라고 믿는다. 다만 노력 외에 각자 지니고 있는 능력이 다르기에, 특정 목표 하나에만 매진하기보다 다양한 것에 관심을 두고 달성하는 것이 나을 수 있다. 또, 각자 잘한다고 생각하는 것에도 정도의 차이가 있기에 자신에게 가장 잘 맞는 것을 찾는 게 더 효율적이기 때문이다.

부족함은 누구나 느낄 수 있다. 내게도 부족한 점이 많다. 그렇다 하더라도 거기에 집착하지 않는다. 부족한 것을 채우기보다 다른 곳에 힘을 주는 것이 훨씬 이롭다는 것을 깨달았기 때문이다.

부족한 것을 채우려고 소중한 시간을 투자해봤자 기대한 만큼 잘되지 않을 수 있다. 1~3% 정도 나아질까? 하지만 장점을 부각하거나 새롭게 계발한다면, 몇 배의 새로운 능력을 얻는 것과 같다. 어떻게 사는 게 효율적일지 당신도 차차 깨닫게 될 것이다.

소용없는 짓은 그만두고 다른 방법을 찾아보자. 우리가 흔히 알고 있는 '선택과 집중'도 좋고, 아예 생각을 전환하는 것도 방법이다. 예를 들면 이렇다. 흰 도화지에 검은색 잉크 한 방울이 튀었을 때, 그걸 지우는 데 힘을 들이는 것보다 차라리 그 검은색을 살려 새로운 그림으로 발전시키는 것이다.

언젠가 책에서 읽은 문구가 내 마음을 자극했다. "인생의 그림에는 기쁨, 성공, 희망의 색뿐만 아니라 고통, 실패, 좌절의 색도 가득하다. 그러나 멀리서 바라보면 모든 색이 조화를 이루어 한 폭의 작품이 된다."

부족하다고 생각하는 점은 잠시 내버려두고 장점을 계발하는

데 집중해보자. 단점은 하나를 없앤다 하더라도 분명 또 다른 하나가 나타나기 마련이다.

나는 '새옹지마塞翁之馬'라는 사자성어를 좋아한다. 인생이란 어떻게 흘러갈지 모른다. 내 인생 역시 한마디로 새옹지마였다.

주식으로 억대 빚을 졌고(＼), 그 덕에 생각에도 없던 증권사에 입성했고(／), IPO 투자로 승승장구하면서 여러 러브콜을 받고(／), 그중 한 곳에 임원으로 가려 했지만 해당 회사의 분쟁으로 갈 곳 없는 처지가 됐고(＼), 체면 때문에 구직 활동을 하지 않고 직접 창업한 후 첫해부터 흑자를 냈고(／), 코로나19 팬데믹의 영향으로 회사는 자본 잠식 상태에 빠졌고(＼), 다시 팬데믹 덕분에 시중 유동성이 사상 최고에 다다른 틈을 타 100억 원의 자산을 확보(／)했다.

내 앞에 또 어떤 새옹지마가 기다리고 있을지 모르겠다. 이 책을 읽는 독자의 인생 역시 그럴 것이다.

레버리지leverage라는 용어를 들어본 적 있을 것이다. 자본을 지렛대처럼 활용해 이익률을 높이는 것을 말하는데, 주로 투자 업계에서 쓰는 이 용어를 내 인생에도 적용해보려 한다. 첫 번째는 책으로 사람의 인생을 변화시키는 것이고, 두 번째는 정치政治를 통해 사람들이 좀 더 나은 삶을 영위하게 하는 것이다. 이것들이 내가 생각하는 삶의 두 가지 중요한 레버리지다.

나는 첫 번째 레버리지를 이용해 당신의 인생을 변화시키고 싶다. 소중한 시간을 들여 이 책을 읽을 독자 한 명에게라도 도움을 주고 싶다.

당신이 궁금해할 질문에 미리 답해본다.

첫째, 정말 부자가 될 수 있는가?

둘째, 왜 이런 비밀을 알려주는가?

첫 번째 질문에는 '그건 당신이 하기 나름'이라는 무성의해 보일 수 있지만 진리가 담긴 답변을 내놓을 수밖에 없다. 이 책에서 나는 부자가 될 수 있는 방법을 최선을 다해 설명하겠지만 실행에 옮기는 사람은 결국 당신이다. 나는 강제할 수 없다. 나는 늘 내가 옳다는 것을 입증해왔고, 그것이 내 삶의 원동력이라 생각해왔기 때문에 이 책이 당신에게 무용지물은 아닐 것이다.

두 번째 질문에 대한 답은 이렇다. 내가 왜 이런 비밀을 알려준다고 생각하는가? 그야 당연히 여러분 가운데 상당수가 이 책에 담긴 비결을 실행에 옮기지 않을 것이기 때문이다. 지금 이 책을 읽고 가득한 열정과 의지를 느끼는 당신은 내일이면 침대에 누워 쇼츠나 감상할 테니 말이다. 공부하는 시간을 내지 않으면서 서울대에 가길 원하고, 죽어라 훈련하지 않으면서 금메달을 원하는 것은 욕심이다.

단호하게 말하자면, 당신은 어쩌면 변화할 생각 없이 이 책을 읽을 가능성이 높다. 변화에서 비롯될지 모를 불안정보다 현재에 머무를 때 느끼는 편안함이 더 좋으니까 말이다.

맞는 말이다. 그러니 당신은 지금 그대로 살아라. 어떤가? 속이 좀 후련한가?

그렇지 않다면, 정말 변화하고 싶은데 방법을 몰라서 누군가

강력하게 길이라도 제시해주길 바란다면, 나는 저자로서 당부해본다. 하루아침에 바뀔 수는 없다. 그러니 조급해하지 말고 지금부터 이 책의 내용을 하나하나 자신의 것으로 받아들이면서 인생을 새롭게 살아보는 게 어떨까?

당신은 사랑을 할 때 어떤 감정을 느끼나? 상대를 떠올리기만 해도 설레고, 상대에게 무언가 좋은 걸 해주고 싶은 생각이 들지 않나? 여기에서 사랑의 대상을 자기 자신으로 바꿔보자. 누군가와 사랑에 빠졌을 때의 감정을 그대로 당신 자신에게 느끼는 방법을 제안하고 싶다. 좋은 걸 더 주고 싶고, 상대가 더 잘되었으면 좋겠고, 힘이 되어주고 싶고, 상대방이 더 빛나기를 바라는 것이 사랑이라고 치면, 그 사랑을 당신 자신에게 향하게 하는 것이다.

나는 이 방법을 통해 나에게 무언가 배울 기회와 경험할 기회를 준다. 사랑하는 내가 더 잘될 수 있도록 자기계발을 통해 나를 더 가꾸고 있다. 당신이 더 나은 사람으로 발돋움할 수 있게 자기계발을 하는 것, 이것이 당신 자신을 사랑하는 첫 번째 단계라고 말하고 싶다.

이런 자기계발 시도가 너무 늦은 게 아닐까 싶기도 하겠지만, 사람이 변화하는 데 너무 늦은 때란 없다. 그러니 걱정하지 말자.

당신이 듣고 싶어 하는 말을 해주는 책은 많다. 하지만 이 책에는 성공하고 싶어 하는 당신이 들어야 할 말을 담았다. 이 책을 읽으며 당신이 바라던 진짜 당신이 되어가길 진심으로 바란다.

아니면 평생 지금 모습 그대로 살든가.

포기하는 건, 어쩔 수 없어서가 아니라, 결국 당신의 선택이다.

1

세상에 한 발짝 내놓기에도 부끄러웠던
내가 100억 부자가 되었다

가난에 허덕이던 내가 2021년 드디어 100억 부자가 되었다. 누군가의 기준에는 아닐 수도 있겠지만 그럼에도 사람들은 이제 나를 부자라 부른다.

이 장에서는 내 이야기를 담았다. '나 잘났소' 하고 자랑하고 싶은 게 아니다. 친한 지인에게도 부끄러워 다 하지 못한 이야기지만, 지긋지긋한 현실에서 죽을힘을 다해 노력하면 성공할 수 있다는 확신을 주는 이야기이기도 하다.

83년생 이경준

'1983년 3월 21일, 단란하고 화목한 가정에서 태어나…'로 시작하고 싶지만, 우리 집은 단란하지도 않고 화목하지도 않았다. 부모님 사이도 좋지 않았으며, 종종 일어나는 부부 싸움은 날 지치게 만들었다.

다만, 어린 시절 많은 관심과 사랑을 받긴 했다. 39년생 아버지와 48년생 어머니 사이에서, 아버지 나이 44세에 내가 태어났으니 부모에게 내가 얼마나 귀하고 기쁜 존재였을지 그때는 다 헤아리지 못했다.

이 책을 읽는 독자들의 부모님은 어떤 삶을 살아오셨을까? 학벌과 직장이 내세울 만하지는 않다고 겸손하게 이야기할 수도 있을 것이다. 얼마 전 인터넷에서 결혼 상대가 자신의 부모님이 고졸 학력임을 무시한다는 고민을 털어놓은 글을 본 적 있다.

나의 아버지와 어머니는 모두 국민학교(지금의 초등학교)만 졸업했다. 어린 시절 내가 물었을 때 국민학교 졸업이라고만 말씀하시고 구체적인 내용은 얼버무리셨는데, 지금 생각해보면 그조차 거짓말이었을지 모르겠다는 생각이 든다.

지금은 돌아가신 아버지는 영등포역 근처에서 상점도 아닌 리어카에 신사복, 와이셔츠, 바지, 넥타이 등을 싣고 파는 노점상을 하셨다. 출근하시면서 늘 어린 나에게 300원, 나이 차이가 많이 나는 누나들에게는 200원씩 주셨고, 기분이 좋은 날에는 나에게 400원, 누나들에겐 각각 300원을 주시곤 했다. 그건 아마도 전날 장사가 잘되어서였을 것이다.

우리 가족뿐 아니라 여러 친척이 나를 예뻐해서 그땐 참 '천상천하유아독존'식의 철없는 어린 시절을 보냈다. 술을 좋아하고 돈을 잘 못 버는 아버지 덕분에 어머니는 생활 전선에 내몰려 밤 늦게까지 일하곤 하셨다. 어머니는 아이 셋을 키우면서 재봉 공장 같은 곳에서 일을 하셨다. 10원 하나 허투루 쓰지 못하는 어머니를 생각하면 늘 가난, 알뜰, 궁색, 미안함이 먼저 떠오른다. 그 가난의 영향이 너무 강력해 100억 원대 부자가 된 지금도 가난 DNA를 끊지 못하고 있다.

우리 부모님은 결국 이혼했다. 아주 친한 친구 한 명을 제외하고 아무도 모르는 사실이다. 당신의 가정은 어떠한가? 집안 탓을 하는 사람들을 보면 내가 무슨 생각을 할 것 같은가?

어릴 때는 가난에 처해 있는 부모를 자주 원망하곤 했다. 하지만 이젠 되레 고맙다. 그 가난이 내 삶에 자극제가 되었고, 성공의 귀한 원천이 되었기 때문이다. 만약 내가 평범한 집안에서 평범하게 살았더라면, 지금 같은 성공을 이루진 못했을 것이다. 아쉬운 것이 없었을 테니까.

가난이 내 발목을 잡았었다는 것을 부정하지 못하겠지만, 지긋지긋한 가난을 극복하려고 열심히 달리게 된 것도 있다. 다른 아이들은 달리다가 멈추면 부모가 물을 건네주거나 차를 태워 목적지에 데려다줄 수도 있었겠지만, 나는 직접 뛰어서 목적지에 가야 했다. 나태해지지 않게 정신을 똑바로 차려야 했다.

물론 길을 잃거나 지치면 다양한 정부 정책에 기댈 수도 있었겠지만, 나는 그 길만을 선택하진 않았다. 달콤한 임시 처방에 기대지 않고 면역력을 키워 나 자신을 강하게 만들고 싶었다.

그러니 당신도 이제 자기 연민에 빠지지 말고, 고민거리를 원동력 삼아 뛰었으면 좋겠다.

어렸을 때부터 집이 가난한 것을 잘 알았기에 난 늘 부자가 되고 싶었다. 사랑은 충분했으나 가난했기에 늘 마음 한쪽이 허전한 상태로 국민학교 시절을 보냈다. 그러던 중에 1994년 TV에서 현대그룹 정주영 명예 회장의 일대기를 보게 되었다. 당시 나와 같은 나이였던 12세에 이북에서 소를 끌고 내려와 대한민국 최고의 그룹을 일군 그의 인생이 나를 흥분시켰다.

방송을 보고 나서 며칠 뒤, 나는 치킨 가게 전단을 나눠주는 아르바이트를 시작했다. 당시 한 장을 나눠주면 1원을 받았다. 또 아파트 단지를 돌며 지금은 사라진 델몬트 주스 병을 수거해 슈퍼마켓에 팔아 병당 200원씩 받곤 했다.

중학생, 고등학생 시절에도 아르바이트와 돈 버는 일에 온통 관심을 쏟았다. 단칸방에 끼어 살기도 했고, 기초생활수급 대상자가 되기도 했다. 몇만 원 수준의 수업료조차 면제받던, 반에 한두 명 있던 학생이 바로 나였다.

많은 자기계발서 저자가 자신이 가난했던 시절의 이야기를 자극적으로 쓴다 해도, 앞서 대충 적은 내 경험은 가난 코스프레로 사용할 수 없는 진짜 가난이었다.

고등학생 시절엔 중고 오토바이를 온라인으로 구매해 스티커 몇 장 붙이고는 튜닝용이라고 더 비싸게 파는 리셀링을 하기도 했고, 당시 코리아닷컴Korea.com이라는 도메인이 60억 원에 팔리며 도메인 열풍이 불 때 음성音聲 도메인에 투자하기도 했다.

하지만 무언가 열심히 할 줄만 알았지 조심성이 없었다. 중고 오토바이를 온라인으로 싸게 샀다고 했지만, 이체한 돈은 온라인 사기를 당했다. 그 가해자는 나와 동갑이었는데, 홀외할머니를 모시고 사는 그는 이미 100여 건의 같은 범행을 저질러 돈을 돌려받긴 어려울 거라고 경찰이 이야기했다. 인생 첫 투자라고 할 수 있는 음성 도메인 투자는 당시 획기적인 도메인으로 차세대 도메인 시장을 이끌 것이라는 장밋빛 미래와 달리 음성 소프트웨어를 이용한 단순한 기술 사기였을 뿐이었다. 공부는 내팽개치고 죽어라 하고 일한 대가 모두가 그 두 건으로 다 날아가버렸다.

그러다 수시 모집을 통해 서울의 한 대학교에 붙었다. 대학생 때도 낮엔 교내 아르바이트를 하고, 저녁부터 새벽까지는 노래방에서, 주말엔 PC방에서 닥치는 대로 돈 벌기에 열을 올렸다.

나 역시 시작은 주식판의 호구였다

대학 졸업을 앞두고 한 SOC Social Overhead Capital (사회간접자본) 컨설팅 펌에서 근무하던 나는 종이 신문을 통해 공모주 열풍을 접하게 되었다. 함께 일하던 동료도 소일거리로 돈을 벌고 있었기에 공모주를 통해 주식을 시작했다.

당시 공모주 청약을 할 줄만 알았지, 어디서 어떻게 파는지조차 몰랐다. HTS Home Trading System 차트를 볼 줄도 몰라, 그냥 포털 사이트로 검색해서 가격만 확인하는 정도였다. 그런데 이게 참 재미있었다. 돈이 너무 쉽게 벌렸기 때문이다.

200만 원만 청약해도 30만 원은 그냥 배정되었다(요즘처럼 청약 경쟁률이 몇천 대 1이 아니었다). 공모주로 재미를 보니, 그저 공모주 일정만 기다리게 되었다. 재미가 붙어 이제는 청약과 납입, 상장의 물리적 기간을 기다리는 것도 힘들어 바로 주식 매매를 하게 되었고 그 후에도 한동안 높은 수익을 거두었다.

20대 어린 나이에 시작한 주식 투자였는데, 어떨 때는 하루 600만 원까지 벌 정도로 투자 규모가 커졌다. 내게는 주식 매매가 마치 길가에 흩어진 현금을 줍는 게임 같았다. 그때가 2009년 4월이었다.

날짜를 보자마자 알아챈 독자가 있을 것이다. 그때는 2008년 리먼브러더스가 파산해 전 세계가 금융 위기를 겪으면서 주가가 2009년 2월까지 최저점을 찍고 난 후였다. 그때 막 주식 투자에 뛰어들었던 내가 손실을 거의 안 본 것은 매우 당연했다.

소액으로 투자하다 보니 '이렇게 해서 언제 1억을 만들고 건물을 사고 부자가 될 수 있을까' 하는 생각이 들었고, 조급한 마음에 가족과 친구 등 지인의 돈을 빌리고 말았다.

자신감이 점점 붙던 바로 그때, 투자한 기업의 주가가 빠지기 시작했다. 그 전까지 주가 하락을 경험해보지 않았기 때문에 당연히 기다리면 오르겠지 하는 생각이 있었고, 빠르게 수익을 올리고자 선택했던 급상승 종목은 내려갈 때도 롤러코스터처럼 화끈했다.

지금이야 잃지 않는 매매를 중심으로 안정적인 투자를 하고 있지만, 그때는 달랐다. 지금까지 상장폐지당한 종목이 9개는 되는 것 같다. 지금도 계좌에 그때 상장폐지된 주식의 흔적이 남아있다. 사업체도 없으니 그야말로 폐지廢紙만도 못한 주식이다.

주식의 도박에 빠졌던 나는 중증 '주식 중독' 환자가 되었다. 빚은 이자를 제외한 원금 기준으로도 1억 원이 넘었고, 친구들끼리 놀러 가려고 모아놓은 여행 경비로도 주식 투자를 했다. 나중엔 예수금이 1,000원 정도 남자, 1,000원 이하 동전주 종목을 일일이 검색해 1주를 사고파는 식으로 하루를 보내곤 했다.

그렇게 주식 중독 말기 환자로 일상을 보내던 나는 다시 시작해야겠다고 다짐했다. 나만의 유일한 무기인 성실함과 끈기로 다시 아르바이트를 시작했다. 기업에 취업하기 위해 상장사 IR Investor Relations(기업이 투자자들을 대상으로 실시하는 홍보활동) 팀에서 인턴으로 일하기도 하며 주식으로 잃은 돈을 주식으로 다시 따와야겠다며 칼을 갈았다.

호랑이 때려잡으러 호랑이 굴로

그러던 중 '선물 옵션 트레이더'라는 직업이 인센티브로만 수십억 원을 벌 수 있다는 소문을 접했다. 그 뒤로 선물 옵션 직무를 뽑는 증권사 채용 공고만 기다렸다.

운 좋게 비슷한 시기에 두 회사의 면접을 볼 수 있었다. 첫 번째 M 증권사에서는 서류와 1차 면접까지 통과했지만, 최종 면접에서 불안한 스피치 탓에 탈락했다.

두 번째 면접을 본 한맥투자증권(지금은 직원의 주문 실수로 수백억 원의 손실을 입고 역사 속으로 사라진 것으로 더 유명하다)에는 최종 합격했다.

3~4개월 열심히 다니던 중 신생사였던 LIG투자증권(現 케이프투자증권으로 LG화재보험에서 파생된 그룹사 LIG 계열이었으며, 이후 KB손해보험으로 매각, 다시 케이프로 매각되는 등 우여곡절이 많은 회사)에서 공채 1기를 모집한다는 채용 공고를 보았다.

이왕이면 그룹사의 공채, 그것도 1기로 입사하는 것이 의미 있다고 판단해 서둘러 선물 옵션 직무로 지원해 당당히 최종 합격했다. 그런데 인턴 시절 거침없던 내 행동을 직간접적으로 듣고 지켜본 당시 부사장께서 사람 만나는 일을 해보라는 권유와 함께 IB Investment Bank(투자은행) 사업 부서로 정직원 발령을 내렸다.

나는 당시 총 24명이었던 동기들에게 직접 주최하고 자원하는 봉사 활동을 하자고 제안해 지방에 있는 인턴까지 모두 서울로 불러들여 연탄 배달 봉사를 기획하고 추진했다. 대학교에서 총학생회장을 맡았을 때도 태안 기름 유출 사고 봉사 활동을 기획하고 진행한 경험 덕분에 가능한 일이었다. 이후 활동 내용이 대대적으로 보도되어 인턴임에도 본사 내에서 꽤 유명해졌다. 인턴 24명 중 절반만 정직원으로 채용할 계획이었지만, 이런 활동이 임원들에게 깊은 인상을 남겼는지 전원 채용될 수 있었다.

잘나가는 IB 부서로 간다고 남들은 나를 부러워했지만 사실 조급했다. 얼른 돈을 벌어 하루빨리 빚을 청산하고 싶었는데 여전히 봉급자라니….

그렇게 3년이 지나고, 이대로는 안 되겠다는 생각에 투자하는 곳으로 이직하기로 결심했다. 회사를 옮겨 다니는 것도 주니어 시절에만 가능하다는 생각에 어린 시절부터 꿈꿔온 직무로 한두 번 옮겨야겠다고 마음 먹었다. 그렇게 간 곳이 엔터테인먼트사였던 상장사 IHQ(싸이더스HQ와 자회사 큐브엔터테인먼트가 있었다)였다. 그 이후로는 한 경제지 증권부에서 취재 기자로도 잠시 일했다. 오랫동안 기자라는 직업을 동경해왔기 때문이다. 하지만 메이저 언론사가 아닌 이상 취재다운 취재를 하기 어려웠고, 증권사 출신인 내게 다른 선배 기자들이 증권 분야 팩트 체크 요청을 너무 많이 하는 바람에 정작 기자다운 일은 제대로 해보지도 못했다.

그 이후 한 곳의 투자 자문사(운용 팀이었지만 직무는 운용 보조였다)를 거쳐 내 판단으로 투자와 매매를 할 수 있는 곳으로 옮겼다. 그렇게 여러 회사를 전전하면서 약 7~8년 만에 모든 빚을 상환할 수 있었다. 모든 빚을 갚은 그날의 기쁨을 아직까지도 잊지 못한다.

혁신의 시작

빚을 다 갚았는데도 수중에 돈이 없었다. 이후에 1년씩 근로계약을 하고 두 곳의 회사에 더 다녔다. 두 곳 모두 기본급은 최저시급으로 하되, 투자 수익의 40%가량을 받는 조건이었다.

직장 생활을 하면서 한 번도 1억 이상의 연봉을 받아보지 못했던 내가 1억~2억 원 이상의 성과급을 받게 되었다. 그때 마련한 종잣돈과 오랫동안 나를 지켜본 업계 지인들에게 십시일반 받은 도움으로 아주 작은 금융기관인 투자일임사(창립 당시 혁신파트너스, 이후 혁신투자자문을 거쳐 현재는 혁신IB자산운용)를 창립했다. 그들에게 다시 한번 거듭 감사를 전한다.

아주 자그마한 공간에 직원 한 명을 두고 시작했던 회사였다. 회사 창립 시 도와준 주주들에게 원금과 일정 이상의 수익을 안겨주어야 한다는 책임감이 있었고, 10년 가까운 부채 생활을 청산하고 시작한 만큼 허례허식보다는 실속에 집중한 경영을 했다.

대표인 내 월급은 월 31만 원(당시 4대 보험 산정 시 31만 원까지가 최저 기준 소득이었다)으로 책정했다. 대표인데도 염치없이 여러 선후배에게 밥을 얻어먹곤 했다.

법인체였지만, 한때 법인 카드 사용액이 4만 1,000원밖에 되지 않을 정도도 아꼈기에 국세청이 들여다봤다면 유령 회사라고 착각했을지도 모를 일이다. 그렇게 아끼고 아껴서 다행히 사업 첫해는 겨우 흑자로 마감했다.

코로나로 울고

2020년이 왔다. 어린 시절, TV 애니메이션 〈2020 우주의 원더키디〉를 재미있게 봤다. 2020년 미래를 배경으로 펼쳐지는 공상 과학 만화로 당시 꽤 인기를 끌었다. 그런 2020년이 실제로 오고야 말다니.

2000년만 하더라도 Y2K(연도의 뒤 두 자리만 인식하도록 설계된 컴퓨터가 2000년을 1900년과 혼동해 엄청난 혼란을 일으킬 것이라는 예상. 밀레니엄 버그라고도 한다) 문제로 한창 호들갑을 떨 때였다. 노스트라다무

스의 2000년 종말설도 한때 핫 이슈였다. 날아다니는 개인 우주선 등이 즐비할 것이라 예상했던 2020년이 실제로 왔을 때 시작은 굉장히 좋았다.

2년 동안 다니던 대학원을 졸업하고 석사가 됨과 동시에 희망과 꿈에 부풀어 있었다. 활기찬 2020년이 시작된 지 1개월도 채 되지 않아 그 녀석(코로나)이 오고야 말았다.

박쥐 때문이니 중국 탓이니 하는 책임 공방이 오갈 때쯤, 이 사안을 심각하게 받아들였던 나는 가지고 있던 주식을 전량 매도했다. 하지만 며칠 동안 시장은 무감각했고, 투자 판단을 잘못했다고 생각한 나는 다시 주식을 사들였다. 하지만 하루 이틀 뒤 증시가 급락하기 시작했고, 그 무서움이란 코로나에 감염되는 공포 그 이상이었다.

생일을 이틀 앞둔 3월 19일, 코스피 지수는 1439.43까지 내려갔고, 코스닥은 419.55까지 떨어졌다. 극한의 스트레스를 받으며 밖에 나가지도 누굴 만나지도 못하는 생애 최악의 생일을 맞이했다.

한 명뿐이던 직원에겐 월급을 지급할 테니 잠시 고향에 내려가 한 달 정도 쉬다 오라고 부탁했다. 그렇게 혁신투자자문은 개점휴업 상태가 되었다.

코로나로 웃고

코로나19는 스페인 독감(1918년에 발생해 전 세계 2,500만~5,000만 명의 목숨을 앗아간 독감)과 비교되며 그 이상의 공포를 선사했다. 당시 대부분의 사람들은 정상적인 생활을 할 수 없었다. 그런 코로나19 바이러스가 내게는 뜻밖의 반전을 선사했다.

시장에 돈이 돌지 않는 상태를 타개하기 위해 미국을 중심으로 전 세계에서 돈을 풀었고, 오갈 곳 없던 돈은 증시로 향했다. 암울한 생일을 맞이한 다음 날부터 증시는 반등하기 시작했고, 1,400선까지 떨어졌던 코스피 증시는 어느덧 2,000선을 넘어섰다. 1년도 지나지 않은 2021년 1월에는 3,200을 넘는 기염을 토했다. 증시가 반등하면서 전 국민은 투자에 열광했고 그중에서 초보도 할 수 있는 공모주 투자가 각광받았다. 그러면서 방송과 신문 할 것 없이 내게 출연 러브콜이 쏟아졌다.

생방송으로 진행된 경제 방송에 출연했던 기억이 난다. 주제는 공모주 'SK바이오팜'이었다. 생방송이어서 그런지 분명히 아는 내용을 전달하면서도 엄청나게 떨었다. 지인들에게 왜 그렇게 떨었냐는 말을 들었을 정도다.

S사 바이오로직스가 당시 5~6배, C사도 4배 정도 오른 것을 비교해가며, SK바이오팜의 가치와 미래를 언급하고 최소한 2~3배 오를 것이라 호언장담했지만, 뒤늦게 업로드된 유튜브 댓글엔 아무것도 모른다는 악플과 함께 비전문가, 사기꾼이라는 조롱이 돌아왔다. 하지만 결과는 내 예상과 맞았다. 하락을 예상하

며 조롱하던 사람들의 예상과 달리 공모가 대비 5배 이상까지 주가가 치솟았다.

이후 공모주 시장은 건국 이래 최대 호황을 맞이했다. 지금은 사라진 '따상(double+상한가)'은 기본 공식처럼 여겨졌고, 주식을 하지 않던 사람들까지 공모주 열풍에 뛰어들었다. 그야말로 공모주 시장의 최대 황금기가 찾아온 것이다.

4년 만에 20배 성장

독자들의 이해를 돕기 위해 내가 운영하는 혁신IB자산운용에 대해 설명하겠다. 회사를 홍보하는 것처럼 보일까 걱정되지만 흐름상 이야기를 할 수밖에 없어 아주 간단히 소개한다.

혁신IB자산운용은 IPO 투자를 주 영역으로 한다. IPO Initial Public Offering는 쉽게 말해 증시에 기업을 상장하는 일이다. 우리 회사는 자금을 모집할 때 투자하는 공모주 투자, 그보다 일찍 투자하는 PreIPO 영역, 그리고 상장 이후 거품이 걷히고, 밸류에이션이 충분히 낮아졌다고 판단할 때 투자하는 PostIPO 영역을 주로 다룬다.

다수의 SPAC Special Purpose Acquisition Company(기업 인수 목적 회사)의 발기인으로 참여해 기업을 발굴하는 일도 하며 증권사와 신기술 투자 조합을 공동으로 운영하기도 한다. 최근에는 IPO 기업의 IR과 다른 투자회사의 경영 자문 및 교육 등도 하고 있다.

이런 IPO를 포함한 IB 투자를 정식으로 하는 우리 회사는 뜻밖의 호황을 맞았다.

2020년 증시에서 손해 본 사람들은 손에 꼽을 정도로 적을 것이다. 그만큼 증시는 호황(절반은 거품이라 부른다)을 누렸고, 우리회사는 2023년 말 기준 자기자본 80억 원 수준의 회사가 되었다. 사업을 시작한 지 불과 4년 만에 수십억 원의 세금과 배당 등을 제외하고도 약 20배 가까운 성장을 이룩한 것이다.

가죽을 벗겨 새로운 것을 만들다

새로운 질서를 만들어내는 것만큼 힘든 일은 없다. 현재의 제도와 시스템으로 혜택을 보는 사람들로부터 엄청난 저항을 받을 수밖에 없기 때문이다. 한편 개혁을 도와줄 사람들에게는 새로운 질서가 가져다줄 모호한 혜택에 대한 모호한 그림밖에는 없다.

강력한 적과 미온적인 동지, 이것이 혁신이 성공하기 어려운 근본적인 이유다.
— 니콜로 마키아벨리, 《군주론》 중

내가 회사 이름을 굳이 혁신으로 지은 이유는 무엇일까? '혁신'이라고 하면 뭐가 떠오르는가? 새로운 것? 기발한 것? 창조?

혁신이라는 말을 뜯어보면 가죽 혁革과 새로울 신新의 결합으로 이루어졌다는 것을 알 수 있다. 가죽을 벗겨 새로운 것을 만든다는 뜻인데, 그만큼 힘들고 많은 노력을 기울였다는 의미를 담고 있다.

나 역시 회사를 차릴 때 단순히 남을 따라 하기보다는 가죽을 벗겨내 새로운 것을 창조하려는 마음가짐을 가졌다. 더불어 남들보다 더 많은 노력을 기울여 반드시 앞서가겠다는 신념을 담았다.

단순히 새로운 것을 하는 것이 혁신은 아니다. 당신이 살아온 삶이 마음에 들지 않는다면 혁신이 필요하다는 뜻이다. 이제라도 낡고 허름한 가죽을 벗기고 새로운 가죽을 입었으면 좋겠다. 물론 물질적이 아닌 정신적으로 말이다.

허물을 벗지 않은 뱀은 결국 죽는다. 인간도 마찬가지다. 당신이 지금까지 해온 방식이 당신의 영혼을 죽이고 있다는 생각은 안 해보았나? 물론 기존 허물이 당신을 보호한다고 착각할 수도 있겠다. 죽어가는 것을 조금 늦추는 것인 줄도 모르고 말이다. 새살이 필요하다면, 당신도 혁신이 필요한 것이다. 가죽을 벗겨 새로운 옷을 입을 정도의 각오만 있다면 당신의 인생은 지금보다 나아질 것이다.

회사 이름을 혁신투자자문으로 한다고 했을 때, 내가 그렇게 지을 것이라고 예상한 사람도 있었지만, '이름을 장난처럼 지었다' '너무 흔하다' '개나 소나 혁신이다' 하고 비웃는 사람이 많았다.

하지만 지금 IPO 업계에서 단 한 사람도 혁신IB자산운용(舊 혁신투자자문)의 이름을 가지고 웃는 사람은 없다. 혁신이라는 브랜드 명성을 차분히 실현해나가니, 채용 공고 한 번에도 수많은 사람들이 지원하는 기업이 되었으니 말이다.

지금은 업계에서 '이경준=혁신' '혁신=이경준'이라는 이미지를 누구나 떠올리게 만들었다. '이름이 촌스럽다' '흔하다'는 비웃음을 듣고 사명을 고쳤으면 어떻게 되었을까? 당신이 정말 성공하고 싶다면 특정 키워드에 당신의 혼을 불어넣고 그것을 당신과 일치시켜보라.

나를 나타내는 키워드의 효과를 간과하지 않았으면 좋겠다. 나를 한마디로 표현할 때, 그 한 사람을 나타내는 이미지가 강렬하고 긍정적일수록 성공에 한 발짝 더 가까워질 수 있다.

내가 대표 펀드매니저를 맡은 첫 번째 펀드의 이름은 '혁신IB광복절 공모주펀드'이며, 두 번째 펀드의 이름은 '혁신IB라스트댄스 코스닥벤처펀드'다.

'광복절'은 당시 증시가 빠지며 손실이 만연하던 때라, 광복절 전 영업일에 '손실에서 해방되자'라는 뜻과 함께 이 펀드명을 들은 누군가는 광복절의 의미를 되새길 수도 있으리라는 생각으로 넣은 것이다.

두 번째는 '혁신IB라스트댄스 코스닥벤처펀드'다. 당시 코스닥벤처펀드(특정 요건을 충족시키면 공모주 배정에서 우대 배정을 받을 수 있는 펀드이며 높은 수익률로 인기가 꽤 좋다) 혜택이 연장되었는데, 만료 전 마지막으로 당차게 수익을 내보겠다는 다짐을 꾹꾹 눌러 담은

네이밍이다.

다행히 두 펀드의 수익률은 매우 좋다. '혁신IB광복절 공모주 펀드'의 2023년 한 해의 수익률이 30%를 넘겼다(사모펀드라 정확하게 확인은 못 했지만, 100억 원 이상 규모의 공모주 펀드 중 2023년 수익률 30% 넘는 펀드는 아직 발견을 못 했기에 최소 상위 1%에 들 것이다. 일반적으로 공모주 펀드는 수익률 10%만 기록하더라도 성공했다고 평가받는다). '혁신IB 라스트댄스 코스닥벤처펀드' 역시 2023년 연환산 40%에 가까운 수익률을 기록했다. 내가 이렇게 당당할 수 있는 것 역시 수익률 때문이다.

당신이 처음 도전한다면 분명 비웃음을 살 수도 있겠지만, 당신이 하루아침에 성공할 것이 아니라면 청사진을 짜고 실행에 나서면 된다. 나는 젊은 나이에도 장기 기증을 신청했고, 20대 나이에 본적(지금은 가족등록지)을 경상북도 울릉군 울릉읍 독도리 1번지로 옮겼다. 남들은 이런 날 보며 미쳤다고 한다.

하지만 난 알고 있다. 남들의 삶이 아닌 당신의 삶에서는 당신이 늘 옳다.

정말로 가능하다. 당신도 한번 해봐라.

곰팡이와 바퀴벌레 소굴에서 한강 뷰로 이사하다

법인의 자기자본이 80억 원이 넘고, 개인 자산도 30억 원 수준이라 합쳐서 간신히 100억 부자가 되었지만, 이제 시작이라고 생각한다. 이 책은 어느 정도 성과를 이룬 분들의 성공담이나 위인전을 흉내 내는 책이 아니다. 아직도 성장해야 한다고 생각하는 나는 이 책의 독자와 함께 성장하고 싶은 마음을 갖고 있다.

이 책을 읽고 있는 꿈 많은 청년 혹은 아직 방향을 정하지 못해 방황하는 이들에게 공유하고 싶은 이야기에 대해 다음 장부터 다시 이어가고자 한다.

내 삶을 엿본 당신은 어떠한 생각이 드는가? 아직도 당신의 삶이 많이 부족하다고 생각하는가? 아니면 아무것도 못할 것 같다는 생각이 드는가? 내가 좋은 집안에서 태어났는가? 공부를 잘했는가? 재능이 있는가?

예전에는 비 오는 날은 내게 재앙 같은 날이었다. 2~3년 전까지 살았던 집은 비만 오면 온갖 악취가 났다. 냄새가 너무 심해 밖에서 서성이다가 잠을 자기 직전에나 방에 들어가기도 했다. 그래도 견디기 힘들어서 차라리 차디찬 사무실 맨바닥에서 자는 것이 나을 지경이었다. 마스크를 쓰고 잠자리에 들었지만, 매번 일어나면 마스크가 벗겨져 있어 마스크 뒷줄을 풀리지 않게 꽁꽁 묶어놓고 잠들곤 했다.

악취와 함께 나를 괴롭힌 건 바퀴벌레였다. 집에서 바퀴벌레가 일주일 동안 한 마리도 안 보이면 그렇게 행복할 수가 없었다 (벽을 타는 사사삭 소리까지는 참을 수 있었다. 내 눈에 보이지만 않는다면 그나마 괜찮았다).

집 안에 퀸 사이즈 침대가 하나 있긴 했다. 2008년에 무료 나

눔으로 얻은 중고 침대였는데 2021년까지 썼다. 내 옷 중 몇몇은 브랜드 의류였다. 가장 친한 친구가 새 옷을 사면 입던 옷을 버렸는데, 그때 놀러 가서 싹쓸이해 와서 입곤 했다. 다만 사이즈가 맞지 않아 내 겉모습은 늘 어색했다. 사람들이 우스갯소리로 누가 입던 옷을 주워왔냐고 할 때가 많았는데, 그때마다 웃고 넘겼지만, 진짜 남이 입던 옷을 구해와 입은 것이었기에 속으로는 마냥 웃을 수만은 없었다.

그러나 지금 나는 앞이 탁 트이고 한강이 보이는 곳에 살고 있다. 몇 년 전까지만 해도 잠자리를 고민하던 사람이 말이다. 그리 오래되지는 않았지만, 이제는 비가 올 땐 맥주나 와인에 클래식 음악을 즐기며 감성에 젖어 옛 생각을 하곤 한다. 같은 영등포구에 살고 있고 똑같이 비가 내리지만 그때와 지금의 감정은 매우 다르다. 감성과 괴로움은 한끗 차이지만, 가치에는 매우 큰 차이가 있다.

거주지뿐 아니라 이동 수단에도 변화가 있었다. 버스 환승을 할 때 추가 금액이 붙는 거리라면 도중에 내려 운동 삼아 걷곤 했던 내가 이제는 B사 오픈카로 해안 도로를 달린다.

어린 시절이나 성년이 되었을 때도 내 인생에는 뭐 하나 내세울 것이 없었다. 유일하게 내세울 수 있는 거라고는 언젠간 성공하겠다는 다짐을 포기하지 않고 하고 싶은 것을 하기 위해 남들이 아니라 내가 인정하고 만족할 때까지 최선을 다했다는 점만 유일하게 내세울 수 있다. 그 분야에서는 내가 1등이고, 감히 내 아성에 도전하지 못하도록 노력에 노력을 거듭했다. 주변 사람들이 내 건강을 걱정하면 그땐 본인이 성공을 향해 불타오르고 있다고 보면 된다.

내가 어느 정도 열심히 살았냐고? 사람들이 '이런 애는 꼭 성공해야 한다. 그러지 않으면 인생은 정말 불공평한 것'이라고 이야기할 정도였다. 주변인이 감동할 정도까지(연기가 아닌, 그 말을 듣기 위한 것이 아닌) 진짜로 열심히 살아보자.

앞에서 이야기했지만, 난 처음부터 잘된 것이 아니었다. 심지어 모든 면에서 적응하지 못했다. 군대나 직장에서도 부적응자였다. 당신이 나보다 못할 리 없다. 노력만 기울인다면 말이다.

다시 한번 이야기하지만, 이 책은 대충대충 편안한 삶을 살기 위한 사람들을 위한 책이 아니다. 물론 그런 삶이 잘못된 것은 아니지만, 이 책을 읽는 당신은 분명 간절히 삶의 변화를 원할 것이다.

이제 독자들에게 나만의 여섯 가지 비밀을 공개하려 한다. 읽기만 하든 따라하든 그것은 독자들의 선택이다. 잘 선택하길 바란다.

2

다시 쓰는 인생 시나리오,
장르는 성공담

영화나 드라마를 보며 가끔 내가 연출자나 작가가 되어 어떤 역할에 다른 배우를 캐스팅하고 싶은 생각이 들 때가 있었다. 그걸 내 삶에 적용해보자. 삶이라는 장편영화에서 당신은 조연일까? 아니다. 그 영화에서 당신은 주인공이다. 다만 비운의 주인공인지 성공한 주인공인지 하는 차이가 있을 뿐이다. 다른 이가 주인공인 영화는 결국 남의 이야기고 내 삶에 큰 영향은 없다. 그렇지만 주인공이 이랬으면, 저랬으면 생각하며 극에 몰입하게 되는데, 난 이 아쉬움과 안타까움을 당신의 삶에 적용했으면 하는 마음이다.

이 장을 읽기 전에 당신이 가장 먼저 해야 할 것은 '앞으로 어떤 삶을 살아갈지'를 선택해야 한다는 것이다. 이는 인생에서 가장 중요한 선택이 될 테니, 시간을 좀 들여서라도 진중하게 생각해보자.

지금 당신이 선택한 삶은 반드시 그렇게 흘러갈 것이다. 일주일이 걸려도 좋다. 아니, 한 달이 걸려도 신중하게 선택해야 한다. 우선 살아갈 방식을 먼저 택하자.

1. 지금의 삶을 영위하면서 약간 더 나은 삶을 살아간다. (현상 유지)
2. 지금과는 전혀 다른 삶을 살아간다. (멘탈 트레이닝 시도)
3. 주어진 대로 대충 살아간다. (freedom)

1번처럼 지금의 삶을 영위하면서 약간 더 나은 삶을 살아가는 것이 나쁘지 않은 선택일 수도 있다. 단순한 현상 유지가 아닌 약간 더 나은 삶이라고 표현한 이유는 어차피 별다른 부채 없이 성실하게만 근로 생활을 해나가면, 지금보다는 돈이 더 모일 것이고, 살아가면서 쌓이는 경험이 당신을 조금 여유롭게 할 수 있기 때문이다.

2번은 나의 선택이었다. 지금과 다른 삶을 산다는 것은 이제까지 해온 행동 방식과 생각을 내려놓고 새로운 것을 받아들이며 힘겨운 도전을 한다는 이야기다. 그럴 준비가 되어 있지 않고 변화에서 오는 불안을 견딜 수 없다면 1번을 선택하는 게 나을 수 있다.

어쩌면 3번처럼 살기 위해 2번 과정이 필요할지도 모르겠다. 어쩌면 가장 좋은 선택일 수 있다. 다만 노후나 향후에 있을 경제적 어려움은 대비할 수 없다.

이 책은 2번을 택한 사람을 위한 것이다. 당신이 2번을 고를 생각이라면 다음 페이지를 펼쳐보자.

첫 번째 비밀: 늘 내가 옳다

나보다 상대방을 먼저 배려해 좋은 사람으로 인정받는 게 인간관계에서 성공하는 비법이라는 것은 모두가 알고 있는 진리다.

그런 지극히 당연하고 진부한 이야기는 하지 않을 것이다. 이 책은 자기계발서에 지쳐 진절머리가 나는 사람들에게 마지막으로 건네는 조언이기 때문이다.

자, 첫 번째 비밀을 공개한다.

"늘 내가 옳다."

금융업계(투자업계)에 10년 넘게 몸담다 보니, 나를 신입 때부터 지켜본 사람도 있고, 내가 아주 어려울 때를 기억하는 사람도 많다. 주변의 '오지라퍼'는 '관심'이라고 표현하면서 항상 당신에게 '이래야 한다. 저래야 한다. 이러면 네가 더 잘될 거다'라고 이야기하지만 사실은 그다지 도움이 되지 않는 조언이다.

정말 조언이 필요했더라면 멀리 있어도 먼저 찾아가 몇 마디 해달라고 부탁하겠지만, 그들은 우리의 허락도 받지 않고 불쑥 우리 인생에 대해 컨설팅을 시작한다.

하지만 상대방을 배려한다는 생각으로 그걸 계속 듣고만 있다 보면, 당신도 모르게 상담비가 지불될 것이다. 바로 당신의 '자존감'과 '자신감'을 지불해야 한다는 말이다.

당신을 위한다는 명분으로 조언을 하는 '불법 컨설턴트'는 당신보다 자기가 낫다는 생각으로 당신에게서 흡수한 자존감과 자신감을 자기 것으로 충전한다. 그러면 당신은 무의식적으로 그 사람에게 자존감과 자신감을 빼앗기고 만다. 그런 조언이 모두 여러분을 위해서 하는 이야기라고 생각하는가? 어느 정도는 맞을 수 있다.

내 이야기를 해보겠다. 내가 잘하는 일을 찾으려 여러 일을 하며 방황할 때, 주변 사람들은 내가 어느 한곳에 정착하지 못하고 끈기도 없다며, 듣기도 싫고 필요하지도 않은 조언을 늘어놓았다. 그럼으로써 그들은 '난 너보다 나은 사람이고, 부족한 너를 걱정하는 착한 사람'이라는 자기만족의 마약에 취했다.

물론 나는 그때 방황 중이었고 변변한 직업도 없었다. 그렇다면 남들이 부러워하는 성공을 거둔 지금은 나를 어떻게 대할까?

예상 밖일 수도 있겠지만, 아직도 그들은 나에게 조언을 이어나가고 있다. 옷은 어떻게 입어야 상대방에게 신뢰감을 얻고, 말은 좀 점잖게 하고, 이렇게 하면 더 잘될 것 같고, 지금 사업이 잘되고 있으니 현재에 머무르며 안정적으로 살아라 등등의 조언이다.

정말 뭘 어떻게 해야 하는지 몰라서 실천하지 않는다고 생각하는가? 사람에게는 누구나 자기만의 삶의 패턴과 그럴 만한 이유가 있다. 그럼에도 아직도 너무 많은 참견이 남아 있다. 이걸 내가 과연 다 감당할 수 있을까? 아니면 그냥 내 방식대로 사는 것이 맞을까?

여기서 반전이 있다. 그들은 10년 전이나 지금이나 비슷한 자리에서 비슷한 부를 가지고, 많은 이들이 성공했다고 말하는 나에게 아직까지도 조언을 가장한 잔소리를 하고 있다는 것이다. 이제는 그들의 자존감을 충전하는 데 이용당하지 말자.

달리기 시합을 하는 사람들끼리 어떻게 뛰어야 빨리 결승선에

도달하는지 쉽게 이야기할 수 있지만, 정작 그들은 똑같은 선상에서 도토리 키재기를 할 뿐이다. 진짜 조언을 할 수 있는 것은 같은 선수가 아닌 코치다. 물론 무료 코치를 할 사람은 거의 없다. 코칭을 받으려면 부담될 정도로 많은 비용이 들어가는데, 우리 인생도 마찬가지다. 진짜 조언을 해줄 사람은 주변에 많지 않을뿐더러, 조언을 받는다면 그만큼의 대가를 지불해야 한다.

고개를 들어 당신에게 잔소리를 하는 그들을 다시 바라보라. 정말 그들이 당신에게 도움을 줄 위치에 있다고 생각하는가? 그들도 결국 비슷한 위치 아닌가? 한 계단 위에서 당신이 낮은 데 있다고 말하는 사람에겐 그냥 알겠다고 해줘라. 그리고 그 계단을 열심히 뛰어 올라가라.

그러면 그 사람들은 당신에게 '그렇게 정상으로 빨리 올라가면 위험하다' '천천히 올라가야 사고가 나지 않는다'고 또 조언을 가장한 불법 컨설팅을 할 것이다. 이미 당신이 정상에 올라섰을 때도 말이다.

넘지 말아야 할 선이라는 것이 있다. 아무리 내가 맞다고 생각하더라도 그것을 상대방에게 강요해선 안 된다. 자신이 믿는 종교에 너무 심취해 타인이 믿는 종교를 부정하며 다른 교리를 강요하면 전쟁만 날 뿐이다.

사람의 삶도 마찬가지다. 그 사람을 존중해야지 자신이 살아온 대로 조언해봤자 분쟁만 생길 뿐이다.

다시 그들에 대해 곰곰이 생각해보자. 성공해본 사람은 할 수 있다 이야기하고, 실패해본 사람은 할 수 없다 이야기할 것이다.

그들이 거짓말을 하는 것이 아니다. 성공을 해본 적이 없기 때문에 성공이 무엇인지, 성공을 어떻게 하는 건지 모를 뿐이다. 당신은 나중에 어떤 이야기를 할 사람으로 남겠는가.

경영학 교수님은 경영을 못하고, 애널리스트는 투자를 못한다

경영학과 교수님은 경영을 잘할까? 이론과 실무는 다르고, 이론을 잘 안다고 해서 무조건 실무를 잘할 수 있는 것이 아니다.

증시 애널리스트도 마찬가지다. 사람들은 애널리스트가 주식 투자를 잘한다고 생각하지만 현실은 그렇지 않다. 애널리스트는 말 그대로 '분석하는 사람'일 뿐이다.

분석을 잘하는 사람이 투자를 잘한다고 생각할 수 있겠지만, 분석과 투자는 엄연히 다르다. 과거를 분석해 미래를 예측하고 투자하는 것은 이제 AI가 사람을 대체할 수 있다. 진짜 투자 전문가는 실시간 대응이 가능한 사람이다.

모든 변수에 대응하는 일은 빅 데이터를 이용한 AI가 훨씬 잘할 것이다. 어떤 업종에 대해 애널리스트와 지식 대결을 한다면 100번 겨뤄 100번 다 내가 질 것이다. 하지만 투자는 다르다.

매년 초 각 증권사 리서치 센터가 발표한 그해의 지수와 실제 지수의 적중률을 비교해보라. 대부분 지수 예상치는 전년도 말 지수에서 ± 200밴드 내에서 정하거나, 공격적 혹은 보수적으로 예상해 이목을 끌기도 한다.

2022년 말의 리포트 의견을 종합해보면, 매수 의견이 1만 3,192건, 중립 의견이 777건, 매도 의견이 3건, 비중 축소 의견이 3건이다.

애널리스트의 의견이 이러한데, 증시는 어떤가? 잘 아는 분야가 증시뿐이라 적절한 예가 아닐 수도 있겠지만, 흔히 전문가라고 불리는 애널리스트가 낸 리포트의 적중률이 어느 정도라고 보는가? 많이 다르다고 생각하지 않는가? 전문성은 주가에 반영되지 않는다.

당신의 인생도 마찬가지다. 인생의 전문가도 아닌 같은 아마추어끼리 무슨 조언을 한단 말인가, 가스라이팅이 아니고서야 말이다. 여기에는 비하인드 스토리가 있긴 하다.

2016년 3월, 한 국내 증권사에서 모 여행사에 대한 투자 의견을 내면서 면세점 사업이 자리 잡기까지 시간이 많이 걸릴 것이라며, 목표 주가를 20만 원에서 11만 원으로 하향하는 리포트를 발간했다.

이후 주가가 실제로 떨어지니, 해당 기업 IR 담당자는 이 증권사 애널리스트의 탐방을 금지하겠다고 했다. 이후 국내 32개 증권사 리서치 센터장이 '자본시장의 건전한 발전을 위한 우리의 입장'을 내며 공동 대응을 한 적이 있다.

처음 있는 일이 아니다. 상장된 모 백화점에서는 서울 시내 면세점 입찰과 관련해 자사에 불리한 리포트를 쓴 증권사 애널리스트에게 공개 사과할 것을 요구하기도 했으며, 또 다른 그룹사에서는 해당 그룹 계열사 증권사에서 자사의 인수합병M&A 리포트를 냈다가 외부의 요청(지시?)으로 리포트가 삭제된 적도 있다.

사기업뿐만 아니다. 공공 기관인 산업은행이 최대 주주인 상장 기업 리포트의 목표 주가를 하향했을 때도 산업은행의 반발로 관련 리포트가 삭제된 적이 있다. 최근 개인 투자자에게 인기가 많은 2차전지 업체에 대해 매도 리포트를 쓴 애널리스트를 길거리에서 마주친 악성 개인 투자자들이 괴롭힌 일도 이슈가된 적 있다. 이런 상황에서 올바른 증권 리포트가 나올 것이라 생각하는가?

통신을 담당하는 애널리스트에게는 국내 3대 통신사 중 어느 한 곳이라도 출입하지 못하면 큰일이다. 이런 환경에서 자동차 섹터 애널리스트는 오죽하겠는가?

사람들이 나에게도 지수나 경제 전망을 묻곤 한다. 그러면 이렇게 이야기한다. 난 경제학자나 애널리스트가 아니기도 하고, 분석과 전망을 하는 사람이 아니라 대응을 하는 사람이라고. 삶도 마찬가지다. 큰 틀은 대략 예측도 되고 계획에 따라 움직일 수도 있겠지만 삶은 결국 대응의 영역이다.

애널리스트도 마찬가지로 똑똑하지 않아서 틀린 예측을 하는 것이 아니다. 예측할 당시에는 그게 맞았을 수도 있겠지만, 시간이 흐르면서 변수가 생긴 것이다. 즉 변수 발생 시 즉각 대응할 수 없기에 예측이 자주 틀리곤 한다.

가끔 잘 맞히는 애널리스트도 있는데, 세 부류로 나눌 수 있다. 정말 실력이 있거나, 운이 좋았거나, 아니면 선행善行 매매를 했어야 했는데, 선행先行 매매를 한 경우다.

증시 전문가들도 자신의 분야에서 이렇게 틀릴 수 있는데, 당신의 삶에 이래라저래라 훈수 두는 사람이 삶의 전문가라도 되는가? 그 사람이 삶의 전문가라고 느껴지면 '그 사람의 삶이 어떠한가?'를 떠올려보라. 삶을 다 살아보지 않은 이상 전문가라 할 수 없을뿐더러, 설사 그 사람이 전문가라고 하더라도 그의 조언이 당신 삶에 꼭 맞을 수 없다. 그가 성공한 방식이 맞는 것일 수도 있겠지만, 사람은 다양하고, 처한 환경과 가용 능력이 제각각 다르다. 자꾸 '이렇게 저렇게 해야 맞다'라고 말하는 이유는 그 사람이 살아온 방식대로 해석하기 때문이다. 한마디로 그렇게 살아왔으니 그 방법밖에 제시할 수 없는 것이다. 그렇게 다양한 삶을 살지 않은 사람들의 조언을 당신 삶에 그대로 적용할 수는 없다.

사람은 모두 자기 자신의 입장을 대변한다. 만약 당신이 상류층 기득권자라면, 지금 당장 당신의 재산을 기부하며 노블레스 오블리주를 실천할 수 있다고 쉽게 말할 수 없을 것이다. 당신이 로또에 당첨된다고 해도 그것을 기부하지 않을 것이다. 아주 소액은 기부할 수도 있겠지만 말이다. 그럼에도 많은 서민층은 상류층이 더 많이 기부해야 한다고 이야기한다. 자신의 돈이 아니기 때문이다.

일부 노조원이 사측 임원이 되어 회사를 대변하게 된다면 그때부턴 노조를 골칫거리로 볼 것이다(물론 임원은 해고가 비교적 쉽기에 임원으로 승진 후 이용해버리고 해고할 수도 있다). 최근 노조 가입 대상이지만 노조에 가입하지 않거나 노조를 탈퇴할 경우 해고하도록 규정한 사례도 있던데, 이것이 바른 방향인지는 곰곰이 생각해 볼 문제다.

사람들은 모두 자기 자신이 정당하다고 말한다. 상대방의 위치는 고려하지 않는 사람의 이야기는 듣고 흘려버려라. 어차피 모든 이들은 각자 자신의 이득을 위해 최선을 다해 맞서기 때문이다.

어떤 사람은 큰일을 하려면 작은 일부터 시작하라는 말을 하고, 어떤 사람은 큰일을 하면 깨져도 작은 조각이 남는다며 큰일부터 하라는 말을 한다. 어느 말이 정답일까?

나는 알고 있다. 두 가지 모두 정답이다. 작은 일부터 시작하라는 사람은 작은 일부터 해오고 있는 사람이며, 큰일부터 하라는 사람은 본인이 큰일부터 시작하는 사람이기 때문이다. 모두 자신이 살아온 방식대로만 이야기한다. 그들은 자신들이 말하는 것이 실제로 맞는다고 생각하며, 본인들도 그렇게 살고 있기에 상대방에게 가장 잘 전달할 수 있는 실제 경험담을 삶의 노하우로 이야기하는 것이다.

도로 위에서 자기보다 느리게 운전하는 사람은 모두 멍청이이고, 자기보다 빠른 속도로 운전하는 사람은 모두 미친놈이라는 말이 있다. 다들 자기 관점과 경험 위주로만 이야기한다. 다른 차를 과도하게 신경 쓰느라 정작 당신이 사고를 내면 어쩌겠는가? 그러니 신호 위반만 하지 않고 자신의 속도대로 가면 된다.

이 책에서 내가 이야기하는 내용 또한 내가 살아온 방식이지 모든 이에게 그대로 적용하라는 이야기가 아니다. 이 책에서 말하는 성공 비결 중 당신에게 적용할 수 있는 몇 가지만 취하면 된다. 어떻게 살지 아는 것도 중요하지만, 그것보다 아는 것을 실천하는 삶을 만들어가야 한다.

이제부터는 '이게 정답이다, 저게 오답이다' 하지 말고, 그 사람의 삶을 들여다보고 냉정하게 판단하는 연습을 해보는 것이다.

사람의 시각에는 당연히 정답이 없다. 관점을 어떻게 두느냐의 차이다. 예를 들어 1위와 2위를 다룬 기사를 보자.

어떤 기사에서는 2위를 응원하며 1위를 탈환할 것이냐 하는 내용으로 포커싱해 2위를 주인공으로 만들지만, 또 다른 기사에서는 1위를 유지할 것인지에 대해 말하면서, 주인공은 1위이고, 그 외를 모두 'other'로 만들기도 한다. 어떠한 시각으로 뭘 말하고자 하는지에 따라 관점이 바뀐다는 사실을 평소에 염두해두어야 한다.

선거로 치면, 여당이 승리했다고 이야기할 수도 있고, 야당이 실패했다고 이야기할 수도 있다. 결국 같은 말이지만, 제목 다음에 펼쳐지는 내용은 다른 속내를 이야기할 수 있다.

한국, 미국, 일본에 관련된 뉴스가 나오면 늘 한·미·일이라고 표현한다. 솔직히 우리나라가 미국이나 일본보다 세계에서의 경제적 위상이 낮은 것이 사실이나, 그럼에도 한·미·일이라고 표현하는 것 역시 늘 '내가 먼저, 내 나라가 먼저'라서 그렇다. '저희 나라'가 아니라 '우리나라'인 것도 같은 맥락이다.

늘 당신이 먼저다.

늘 당신 자신을 최우선으로 고려해야 한다.

자기 자신에 대한 존중과 예의를 잊지 마라.

자기 자신을 존중하는 것이 정 어렵다면 이렇게 생각하는 방법도 있다. 당신의 정신과 육신이 실제 당신의 것이 아닌 것처럼 생각하고, 잠시 빌려왔다고 가정하는 것이다.

당신은 본인 것은 함부로 쓰더라도 남의 것은 함부로 쓰는 사람은 아니지 않는가? 남의 것이라고 막 쓰는 것이 아니라 잠시 빌려온 것이기에 소중히 잘 쓰고 돌려준다고 생각하자.

나쁜 정신(악성 코드)을 심어놓지도 말고, 게으르게 활동해 몸을 뻣뻣하게 만들지도 마라. 고이 잘 쓰고 잘 간직하자. 그런 정신으로 자기 자신을 대해보자. 당신 자신이 한껏 소중해진 느낌이 들 것이다.

그럼 이제부터 뭘 어떻게 시작해야 할까? 앞으로는 조금 더 세부적인 이야기를 하겠다.

내 몸값은 내가 정하자

자신을 너무 낮추는 것도 죄악이다. 스스로에게나 나를 낳아 길러준 부모님에게나, 신이 있다면 신에게도, 나를 너무 낮추고 자신을 학대하고 괴롭히는 일만큼 더 나쁜 것이 있을까 싶다.

자학하는 것이 꼭 물리적인 것만을 뜻하진 않는다. 나에게 충실하지 않은 것, 나를 방치한 것, 나를 낮은 사람이라 인식해 자신에게 불행을 불러온 모든 것을 뜻한다.

나를 비하하고 싶은 생각이 들 때, 그 자신을 현재가 아닌 어린 시절 당신이라고 가정해보자. 스스로를 비하하는 마음속 목소리를 어린 당신에게도 들려줄 수 있을까? 어린 당신에게 상처를 줄 수 있는 말은 지금의 당신에게도 하지 마라. 자신에게 하는 모진 말이 바로 학대다. 당신은 어쩌면 몸집만 큰, 눈치만 살피는 어린 아이일 수 있다.

이것은 범죄행위라고도 할 수 있다. 범죄는 타인에게뿐만 아니라 자신에게도 저지를 수 있다. 남들에게 하는 것만큼이나 자신을 존중하자. 이는 겸손이 미덕이라는 말과 상충되는 것이 아니다.

필요하다면 불쾌감도 표출해라. 상대방의 감정보다 자신의 감정이 더 소중하기 때문에 보호해줘야 한다. 상대방의 마음을 보호하려다가 자기 자신을 해하지 마라. 모두에게 착한 사람이 되려고 정작 자기 자신에게는 나쁜 짓을 하는 우를 범하지 마라. 모든 인생은 실험과 도전이고, 실험과 도전을 많이 거치면 거칠수록 당신이 원하던 모습이 될 수 있다.

타인이 아니라 당신 자신을 믿어라. 질투와 시기는 나를 칭찬하는 색다른 방법이라고 여기자. 질투를 받고 있다면 그건 잘 살고 있다는 증거다. 당신에게 부여하는 훈장이다. 누구에게도 질투와 시기를 받지 못했다면 오히려 당신의 존재감이 너무 적은 것은 아닐까? 아무도 당신을 경쟁 상대로 생각하지 않는 것은 아닐까? 그동안 너무 나태하게 살았던 것은 아닐지 되돌아봐야 한다. 당신보다 자신을 잘 아는 사람이 단 한 명이라도 존재할까? 누가 누굴 평가하고 지적한단 말인가?

당신을 아는 사람이 한 명도 없는 외국으로 간다고 치자. 거기서 당신은 여전히 주눅 들어 있을 것인가? 다시 시작하고 싶지 않은가? 그때 당신의 몸값은 당신이 직접 정할 수 있지 않을까? 어디에서든 당신 스스로가 가치를 부여할 수 있다. 지금 주변 사람들이 부여하는 당신의 가치는 일시적인 것이다.

프롤로그에서도 이야기했지만 이 세상에서 가장 되기 쉬운 사람은 자기 자신이다. 오히려 이 세상에서 가장 되기 힘든 사람이 남들이 바라는 자기 자신이다.

왜 거꾸로 사는가? 왜 힘들게 돌아가는가? 직선 길을 걷자. 빙빙 돌면서 헤매지 말고.

성공한 사람 중 다수가 자기 자신을 사랑하고 자기 자신의 삶을 살라고 이야기한다. 당신도 알면서 왜 그렇게 살지 못하는가? 이젠 자기 자신을 사랑하며 함께하는 삶을 익혀보자.

타인이 당신을 어떻게 부를지 걱정하지 말고, 당신이 당신을 어떻게 부를지 결정하자. 그러면 당신이 원하는 것을 조금 더 빨리 얻을 수 있다.

나는 확실하게 말할 수 있다. 모든 사람을 기쁘게 하려는 것은 자신의 성공을 포기하는 것과 다를 바 없다고. 모든 사람의 말에 귀 기울이고 좋은 이야기만 들으려 하는 것은 타인의 기대를 충족하며 산다는 것이고 주어진 삶에서 크게 변화하지 못할 것이라는 사실을 스스로 입증하는 행위다.

인간 하나하나는 소우주microcosm다. 공자의 《논어》에서는 자기 자신이 곧 우주이기 때문에 하늘 같은 자신을 어느 누구와 비교하거나 우열을 가리려 하지 말라고 했다. 생각이나 행동에서도 곧 자기 자신을 최우선으로 두라는 말이다. 이기적인 사람이 되는 것과는 다른 말이다.

상대방을 존중하되 자신을 낮추지 마라. 나를 낮춘다면 다른 사람들은 대부분 당신을 정말 낮춰 볼 것이다. 겸손은 어르신에게 예를 갖추는 것으로 충분하다.

내 몸값은 내가 정하자. 그리고 그에 맞는 행동만 하면 된다. 지금 당신의 모습은 선택의 결과물이다. 그러니 앞으로도 비싼 당신이 되기 위해 거기에 맞는 행동을 하자.

당신에 대해 부정적으로 생각하면 당신의 몸값은 싸구려가 될 것이고, 당신에 대해 긍정적으로 생각하면 당신의 몸값은 명품만큼 높아질 것이다. 스스로 생각하는 대로 당신이 만들어질 테니까. 날씨는 바꿀 수 없지만, 날씨에 대비한 옷은 선택할 수 있다.

연기는 그만두자

다른 이에게 좋은 인상을 남기려고 성격 좋은 척하면서 연기하지 말자. 오늘부터라도 변하자. 한두 번으로 끝날 연기가 아니지 않나. 평생 연기를 해야 한다는 부담감이 당신을 힘들게 할 것이다. 어차피 연극은 끝나기에 애초에 본인의 모습으로 세상을 살아가는 것이 훨씬 수월하다. 당신을 스스로가 원하는 모습으로 바꿔서 산다면 그땐 연기가 필요 없다.

필요하다면 적이 생길지라도 과감하게 저지르자. 아무것도 잃지 않고 승리만 거두려 한다면 그냥 평범한 사람으로 머무를 것이다. 안전 운전만 해서는 레이싱에서 1등을 할 수 없다. 불법이 아닌 범위 내에서 끼어들기나 튜닝도 해야 한다.

나를 불편하게 하는 사람이 있다면 무시하는 것도 방법이지만, 무대응으로 일관해도 상대방은 바뀌지 않는다. 오히려 맞장구치면서 자신을 낮춘다면, '아, 이 사람은 함부로 해도 되는 사람이구나' 하는 '무시 허가증'을 발급해준 것과 다름없다.

상대방보다 당신 자신을 배려하는 것이 먼저다. 상대방을 배려할 수는 있지만, 배려를 함으로써 자신을 제물로 삼으면 안 된다.

그러니 필요한 경우 거절의 메시지를 분명하게 전해라. 당신이 안고 가야 할 마음속 상처보다 상대방이 느낄 무안함이 훨씬 더 가볍다. 거절의 메시지를 받는 순간 상대방은 당신을 더 이상 만만한 사람이라고 생각하지 않고, 그 순간부터 당신을 다르게 대할 수 있다. 그때부터는 마음 졸이는 것은 당신이 아니라 상대방의 몫이 된다.

상대방 비위 맞추기 게임은 이제 그만두자. 그 사람이 당신 인생을 책임져주는 것이 아니지 않는가? 만약 당신이 죽음을 앞두었다면 상대방의 비위가 아니라 당신 자신의 비위를 못 맞추며 산 것을 후회할 것이다. 당신의 행복이 먼저다.

누군가가 자신을 미워할까 두려워하지 마라. 그렇게 두려움에 떨다가는 결국 당신 자신을 스스로 미워하게 될 테니까. 굳이 착한 사람이 될 필요도 없다. 착한 사람이 옳고 나쁜 사람이 잘못된 것이 아니다. 사람들은 강렬함에 더 매력을 느낀다. 색이 옅어지면 잊히기 마련이다. 당신 고유의 색을 가지고 그것이 옅어지지 않도록 노력하라.

당신의 정체성은 당신이 선택해야 한다. 타인이 정해주면 안된다. 현실적으로 동의하지 않는 사람도 있겠으나, 계급 해방은 이미 오래전 이루어지지 않았는가. 당신의 정신과 삶을 노예 상태로 두지 마라. 당신이 직접 인생을 설계하고 삶의 방향을 정할 수 있다. 당신의 삶이고, 당신의 정체성이다.

정신을 차려서 냉정하게 생각해보자. 자신의 몸에 맞지도 않는 옷을 입고 있으면 무척 어색하다. 그런 심리와 행동이 자신의 행동과 미래에 악영향을 줄 것이다.

자신에게 꼭 맞는 옷을 입어라. 어떤 옷이 맞는지 모른다면 여러 번 입어보면서 직접 당신의 눈으로 확인하고 경험해보라. 명품이라고 모두 멋지고, 잘 어울리는 것은 아니다. 당신이 입었을 때 그 옷이 돋보여야 진정한 가치를 느낄 수 있다. 그러니 남들이 치켜세우는 브랜드가 아닌 자신이 입었을 때 어울리는 옷을 골라라. 입었을 때 편해야 한다. 그게 물질적인 옷이건, 심리적인 옷이건. 내가 맞지 않는 옷을 자주 입어봐서 잘 안다.

자신의 정체성을 찾지 않고 남들과 똑같아지려고 평생을 허비하지 말자. 그렇게 당신의 주도권을 허비할 거면 차라리 나에게 줘라. 주주총회에서도 의결권 위임이라는 것이 있다. 해당 주주의 권리를 타인에게 위임한다는 것이다. 당신이 나에게 주도권을 위임하면 나는 당신을 망쳐버릴 것이다. 정신 똑바로 차리고 지금부터 운전은 당신 스스로 해라. 대리운전 부르지 말고.

프랑스 철학자 몽테뉴는 타인의 시선에 얽매이지 않고 자신을 존중하는 법을 아는 사람들은 차원이 다른 기쁨을 느낀다고 말했다.

당신은 사실 '앰비버트'일 수 있다

타인과 자신의 생각이 다를 때, 어느 상황에서나 무조건 당신의 생각이 옳다고 이야기하는 게 아니다. 당신의 삶에 한해 적용되는 것이니 이를 오인하면 안 된다. 나 역시 내가 틀릴 수도 있다고 생각한다. 하지만 내가 내린 결정과 내가 지향하는 방향이 맞는 것 같은데, 주변에서 흔들려고 할 때는 '내가 옳다'고 생각하고 달릴 뿐이다.

모든 영역에는 그레이 존grey zone이 존재한다. 이도 저도 아닌 애매한 상황이 닥치거나, 옳고 그름의 경계가 애매할 때가 있는데 그때는 유연하게 사고해야 한다. 뭐라고? 저자는 지금까지 늘 자신의 삶에서 자기 자신이 옳기에 믿고 지르라고 했는데, 갑자기 유연하게 사고하라고?

여기서 정확하게 기준을 잡아야 한다. 당신이 책임질 당신의 삶에 대해 타인이 이래라저래라 할 때는 당신이 옳다고 믿는 것을 위해 달려나가야 하고, 그것이 아닌 상황에서 옳고 그른 것을 가릴 때는 이것도 맞고 저것도 맞을 수 있다고 생각하는 유연한 사고가 필요하다.

흔들리지 말고 굳건히 달려가라고 응원할 수 있지만, 틀린 길을 골라 달려가라고 할 수는 없다. 고스톱 게임에서도 '고'와 '스톱'을 적절히 사용하는 게 승패를 가른다. 매번 '고'만 해서는 이길 수 없다. 상황을 파악하고 때를 지켜보며 '이것이 맞다'는 확신이 들 때 본인을 믿고 달려야 한다. 모든 면에서 과할 순 없다. 적당함이 필요하다.

지인 중에 숯가마를 유독 좋아하는 분이 있다. 그분은 주말마다 숯가마에 가곤 하는데, 나를 함께 데려갈 때가 있었다. 나는 그 숯가마를 보면서 알 수 없는 감정을 느꼈다. 뜨거운 열이 나오는 이 숯가마를 아침 잠을 포기하면서 서울에서 경기도까지 이동해 즐기려는 사람이 너무나 많았다. 숯가마 중에서도 온도가 가장 높은 방은 인기가 제일 많았다. 사람들은 숯을 가는 타이밍에 맞춰 기다렸다가 재빨리 수건을 던지며 자리를 차지하곤 했다. 그 과정에서 고성이 나오기도 했다.

나로서는 어리둥절하면서도 이런 생각이 들었다. 효능을 보기 위해 숯가마와 좀 더 가까운 자리를 차지하고자 눈치 싸움도 하고 시간과 돈도 투자하는데, 정작 몸에 숯이 닿을 때까지 가까이다가가지도 않고, 어느 정도 시간이 지나면 숯이 없는 곳에서 잠시 쉬기도 한다.

자신이 다치지 않는 한도 내에선 최대한 열을 쐬고 최선을 다해 숯가마 앞으로 다가가지만, 이 역시 과하면 화상을 입는다. 이 절묘한 경계를 잘 지키는 것이 참으로 재미났다.

제일기획 대표이사를 지냈던 김낙회 작가는 이렇게 말한다.

원칙과 융통성은 함께 가야 한다. 원칙이 뼈대라면 융통성은 근육이다. 뼈는 혼자서는 못 움직이고, 근육이 움직여야 함께 움직인다. 그러나 근육은 뼈 자체의 방향과 한계를 벗어나서 움직일 수는 없다. 근육이 뼈의 원래 각도보다 더 큰 움직임을 요구하면 부러지게 마련이다.

모든 것엔 음과 양이 있고, 그것이 조화로워야 한다. 흔히 말하는 I와 E 성향 중 어느 한쪽이 낫다고 할 수 없고, 상황에 따라 유연할 수 있는 앰비버트ambivert(양성)가 나은 것처럼 말이다. 이제부터 무조건 내향형이다 외향형이다 단정 짓지 말고, 양향 성격자라고 이야기했으면 좋겠다.

부정이 무조건 나쁘고, 긍정이 무조건 좋은 것이 아니다. 당신이 지나친 긍정론자라면 부정적인 면을 조금씩 생각하며 신중해지는 것이 좋다. 반대로 지나친 비관론자일 경우 조금씩 희망과 낙관을 생각한다면 당신의 선택지는 듀얼모드로 업그레이드된다. 한층 풍성해질 수 있다.

무엇이 좋고 나쁘다는 것은 정해지지 않았다. 투자 분야에서도 비관론과 낙관론을 동시에 가져가는 것이 안정적이다.

한여름 햇살이 밝기만 하면 얼굴이 타기 십상이고, 장마가 계속 이어져 세상이 어둡기만 하면 우울해지듯, 햇빛과 비가 적당히 균형을 이룰 때 우린 행복을 느낄 수 있다.

진로나 전공을 바꿔야 할까?

대학에서 4년간 공부한 전공과 자신의 길이 맞지 않는다면 어떻게 해야 할까? 4년을 아까워하지 말고 진지하게 고민해봐야 한다. 과 선배나 교수님을 찾아가 진로 상담을 받을 수도 있고, 현직에 있는 사람들과 현실적인 이야기를 나누며 고민해봐야 한다. 그래도 끝끝내 고민된다면 해당 직업에 발을 걸쳐보자. 그냥 한번 입사해보는 것이다. 그래도 아니다 싶으면 과감하게 포기하면 된다.

나 역시 대표이사로 있는 이 회사를 언제까지 운영할지 알 수 없다. 이제는 모든 분야가 아니라 잘하는 것에만 집중하고 싶기 때문이다. 그게 여러 면에서 훨씬 더 효율적이다. 하지만 이 글을 읽는 독자 여러분은 아직 본인이 뭘 잘하는지 모를 수 있다. 그래서 많은 경험을 해봐야 한다. 내가 뭘 잘하는지 알기 위해선 반드시 많은 경험을 해야 한다(이에 대해 네 번째 비밀에서 좀 더 자세히 이야기한다).

주식 매매를 할 때 사람들은 '손절'이라는 표현을 많이 쓴다. 더 큰 손실이 예상된다면 현재의 손해를 감수하더라도 손실을 확정 짓는 것을 의미한다. 하지만 이득을 취할 때 느끼는 기쁨보다 손실을 입었을 때 느끼는 슬픔이 더 크기에 손절은 결코 쉽지 않은 일이다.

당신에게 100만 원이 있다고 하자. 10%의 손실이 발생했다면 90만 원이 남고, 20%의 손실이 발생했다면 80만 원이 남는다. 원금으로 복귀하려면 10%의 수익과 20%의 수익을 거둬야 한다. 이 계산이 맞나? 아니다.

90만 원에서 10%의 수익을 거두면 99만 원이 되고, 80만 원에서 20%의 수익을 거두면 96만 원이 된다. 손실은 각각 10%, 20%였지만 다시 원금을 확보하려면 11.11…%, 25% 수익이 나야 한다.

크게 와닿지 않는다면 극단적으로 생각해보자. 50%의 손실이 발생해 50만 원이 남았다고 가정하자. 이것을 원금으로 되돌리려면 50% 수익(25만 원)이 아니라 100% 수익(50만 원)을 거둬야 한다.

손절이라고 하면 마치 손을 절단하는 기분이 들 것이다. 손절이란 개념은 주식 매매뿐만 아니라 다른 삶의 영역에도 적용된다.

당신의 전공이 당신을 기쁘게 해주지 않는다면, 당신의 전공이 앞으로 당신의 삶을 보장해주지 않는다면, 당신의 전공이 무엇인지도 모르겠고, 그냥 그것을 하며 평생 살 자신이 없다면, 당신은 손절을 해야 한다.

사람들은 대부분 그동안 들인 시간과 노력, 비용 등 때문에 공부와 일을 쉽게 포기하지 못한다. 당장 할 줄 아는 것이 이것뿐인데, 새로운 것을 시도했을 때 실패할 가능성이 있는 데다 시간과 노력, 추가로 비용까지 든다면 새로 도전하지 못하고 현실에 안주하는 것이 지극히 당연할 듯하다.

그 짧은 4년 혹은 2년의 시간이 당신의 평생을 결정하는 것이라면, 그 시간의 가치만 생각하지 말고 조금 더 멀리 보자. 전공과 앞으로 당신이 해야 할 일, 혹은 하고 싶은 일이 다르다면 그때는 손절하자.

손절이 꼭 손해만 뜻하는 건 아니다. 손절을 하는 이유는 앞으로 더 잘되려고 약간의 손해를 감수하는 것이기 때문이다. 이름 모를 바이러스로 손 일부가 괴사되었다면, 그 손을 절단해서라도 남은 삶을 살아야 한다. 당신이 그동안 공부해온 전공을 포기하는 일이 손을 절단하는 것보다 낫지 않을까?

당신이 만약 직장인이라고 하면 '퇴사하고 싶은데 못하겠다'는 말은 거짓이다. 퇴사를 하지 못하는 것이 아니라 안 하는 것이다. 직장이 주는 안정감과 꼬박꼬박 입금되는 달콤한 급여를 뿌리치지 못하는 것이라고 솔직히 밝혀라.

본인이 한 선택인데, 누굴 탓한단 말인가? 더 나은 직장으로 옮기려고 할 때는 기회비용과 이력서, 자기소개서, 면접 등을 고려하면서 많은 시간과 정성, 노력을 기울이지 않고서는 한 단계 더 높은 곳으로 갈 수는 없다. 이직도, 스카우트도, 창업도 모두 당신이 손을 뻗어야 한다. 감이 떨어질 때까지 기다리다가는 결국 새가 낚아챌 수 있다.

기다렸다가 감이 떨어진다고 해도 그것을 주우려는 사람이 많을 것이다. 당신에게만 품질 좋은 감이 떨어질 가능성보다는 당신이 움직였을 때 좋은 감을 찾을 가능성이 훨씬 높다. 언젠가 창업하겠다고 생각하지 말고, 구체적으로 일정을 계획해보자. 언젠가 창업하겠다는 직장인이 아마도 50%는 될 것이다. 하지만 그중 5%, 아니 0.5%만 창업을 할 것이다.

정말 변화나 창업을 원한다면 지금부터 어느 정도 구체적으로 계획을 세워보자. 처음에는 두렵고 막막할 수도 있다. 그러나 용기를 내야 한다. 당신이 무얼 하고 싶은지 우선 정하고, 그다음에는 그 과정이 힘들어도 인내할 수 있는지도 생각해보자.

성공으로 향하는 길에는 무수한 지뢰와 장애물이 있을 것이다. 당신은 그 길에 반드시 수수료를 지불해야 한다. 이 수수료를 우리는 시간과, 인내, 그리고 포기하지 않는 마음 등으로 지불할 수 있다.

아직도 새로운 길로 나아가는 것이 고민스러운가? 그렇다면 이렇게 생각해보자. 당신이 주인공인 드라마 1부 〈나에게 확신이 없다〉 편은 이제 막 끝났다. 이젠 2부 〈사실은 내가 모두 다 옳았다〉 편을 크랭크인할 차례다.

두 번째 비밀: 가스라이팅에서 벗어나라

삶을 살다 보면 수많은 사회적 기준을 접하게 된다. 그 기준이 정답이고, 거기에서 벗어나면 아웃라이어가 된다고 흔히 말한다. 그러나 두려워하지 않았으면 좋겠다.

비싼 돈을 주고 스마트폰을 사서 피처폰처럼 쓰는 것은 스마트하지 않은 일이다. 당신의 삶은 매우 귀중하고 소중하다. 주어진 대로 살아가는 것도 방법이지만 이제는 운전대를 잡아야 한다. 언제까지나 당신의 삶을 타인에게 빼앗긴 채 살아가지 않길 바란다.

MBTI와 사주는 당신이 직접 만들 수 있다

당신의 MBTI는 어떠한가?
당신은 사주를 믿는가?
혈액형은 무엇인가?

코로나19 사태 이후 비대면 상황이 익숙해지면서 MBTI가 크게 유행했다. 사람들이 서로 궁금해하지만 실제로 만날 수는 없고 온라인으로 소통을 이어가다 보니, '나는 이런 사람이야'라고 이야기하면서 MBTI가 유행한 듯하다. 이 이야기를 꺼내면 어디선가 자칭 MBTI 전문가가 등장한다.

MBTI는 사람을 16가지 유형 중 하나로 규정한다. E는 활발하고, I는 소심하고, 계획적인 J와 즉흥적인 P 같은 기준을 활용한다. 하지만 MBTI는 스스로를 점검하는 것이기에 진짜 자신의 모습이 아닌 자신이 되고 싶은 모습을 고를 가능성도 있다. 상황과 기분에 따라 결과가 다를 수도 있다. 그래서 그 유형을 보고 상대방을 판단하는 건 부적절한 방법이다.

MBTI는 캐서린 쿡 브릭스라는 소설가와 그녀의 딸 이사벨 브릭스 마이어스가 개발한 것인데, 딸은 정치학을 전공한 미스터리 소설가이고, 어머니 역시 소설가로 둘 다 심리학 비전공자다. 그러니 아이스브레이킹을 위한 안줏거리 정도로만 삼자. 사람은 결코 16개 타입 중 하나일 수 없다.

당신이 삶에 지칠 땐 I가 되고, 심심할 땐 E가 될 수도 있다. 혹은 회사에서 P지만, 친구들과 놀러 갈 때는 J가 된다거나. 사람은 모든 환경에 적응하는 카멜레온 같은 존재다. 비전공자가 만든 게임에 너무 심취하지 말자. 앞에서도 말했듯 당신은 사실 앰비버트일 수 있다.

서양에서는 자신의 혈액형이 어떤 타입인지도 모른다 하지 않던가. 사실 사람을 네 가지 유형으로 나누는 것도 웃기다. 굳이 유형으로 나눈다면 남성과 여성으로 나누는 것이면 모를까.

MBTI가 무슨 형이니까, 난 이런 사람, 저 사람은 저런 사람, 혈액형이 무슨 형이니까 난 이래, 저 사람은 저래 하며 틀에 박힌 사고를 하지 말고 이젠 그 틀에서 벗어날 때가 되었다. MBTI나 혈액형 같은 틀에 가스라이팅당하지 말자. 당신은 다양한 세

포의 집합체이며 상대방도 마찬가지다.

가끔 사주나 타로를 맹신하는 사람이 많다. 내가 무슨 말을 하는지 감이 오지 않는가? 그냥 믿지 마라!

그래도 조심하는 게 낫지 않겠냐고? 무속인 역시 자기 삶을 예측하지 못한다. 심약한 사람에게는 공포를 주입해 부적 같은 굿즈goods나 굿(신내림)을 팔기도 하고, 상대방의 표정을 살펴보며, 앞으로 잘될 것이라고 이야기하고, 립 서비스 비용을 뜯어내기도 한다.

내가 사주를 믿지 않는 이유는 간단하다. 삶이란 자신의 의지로 결정되는 것이기 때문이다. 타인의 말로 내 삶에 불안이나 나태함을 불어넣고 싶지도 않다. 불안한 사주라고 한다고 해서 당신이 삶을 불안에 떨며 살 필요가 있을까?

잘 풀릴 사주라고 해서 당신이 앞으로 남은 삶을 나태하게 살 것인가? 어차피 답은 정해져 있다. 비록 내가 무속인은 아니지만, 특별히 당신의 점괘를 봐주겠다.

짜잔! 점괘가 나왔다.

당신은 지금부터 어떠한 악재를 맞닥뜨리더라도, 신중하게 판단해서 잘 헤쳐나갈 것이며, 올해에는 하반기로 갈수록 더 좋아질 것이다. 다만, 몇몇 지인은 피해라. 동쪽으로 가면 귀인을 만날 것이다.

못 만났나? 미안하다. 내 기준에서 동쪽이었다. 당신은 반대편인 서쪽으로 가면 된다. 복채는 필요 없다. 이 책값을 지불한 것으로 되었다.

사주팔자로 당신의 인생을 점치지 말고, 당신이 직접 원하는 결과를 만들어나가는 것이 더 현명한 길이다. 해본 사람으로서 말해줄 수 있는 사실은 미래를 예측하기보다는 직접 만들어가는 것이 훨씬 쉽다는 점이다.

에디슨과 JYP

내가 가장 존경하는 인물로 고故 정주영 명예 회장을 꼽는다면, 가장 좋아하는 연예인으로는 박진영 씨를 꼽는다. 지금이야 박진영 씨의 진가를 아는 분이 많아 팬으로서 얼마나 다행인지 모르겠다. 한때 국내 최정상 걸 그룹이었던 원더걸스가 호기롭게 해외시장에 도전했다가 초라한 성적표를 안고 국내시장에 복귀한 건 대부분 아는 내용이다. 그때 언론에서는 실패 프레임을 입히면서 박진영 씨를 폄하했고, 온라인상에선 '국내에서 안정적으로 돈 벌지, 웬 해외 타령이냐?'며 조롱 섞인 비아냥이 줄을 이었다.

하지만 나는 그가 멋있다고 생각했다. 콩깍지일 수도 있겠지만, 조롱거리였던 '해외 진출병'이 나에게 더 멋있어 보였다. 국내에서 안정적으로 돈을 벌 수도 있었지만, 리스크를 감수하면서까지 도전하는 모습이 너무나도 멋있게만 보였다. 만약 원더걸스를 국내에서 안정적으로 걸 그룹 1등으로 남게 했더라면 돈은 더 많이 벌었겠지만, 이미 그는 박진영이 아닌 것이다.

돈보다 더 큰 꿈을 향해 도전했기에 나는 조롱이 아닌 찬사를 보내고 싶다. 안정감을 포기하고 도전해야 진정한 도전이라고 할 수 있다. 만약 반대로 그가 꿈꾸던 대로 빌보드 차트 1등을 했다면, 그를 향한 국내의 언론과 온라인 반응은 어땠을까. 아마 속 빈 찬양 일색이지 않았을까.

가장 위대한 발명가로 꼽히는 에디슨이 만 번의 실패를 하면서 "난 실패하지 않았다. 다만, 어떻게 하면 작동하지 않는지 만 번의 방법을 발견했을 뿐"이라고 한 말에는 열광하면서, 왜 박진영 씨의 실패는 조롱할까?

만약 에디슨이 성공하지 못했더라도 당신은 에디슨에게 열광할 수 있을까? 박진영의 실패를 미국 진출 시 성공하지 못하는 방법 하나를 획득한 것으로 여긴다면 어떨까?

우리가 여기서 배워야 할 것은 그는 여전히 새로운 도전을 멈추지 않고 앞으로 나아간다는 점이다. 우리도 반드시 그래야 한다. 박진영 씨는 남은 삶을 편히 즐기면서 보낼 부를 확보한 사람이지만 그는 그러지 않았다. 그의 삶에 박수를 보내며 존경을 표한다.

그때 박진영 씨와 동행했던 하이브의 방시혁 의장이 그때의 실패(물론 최종 결정은 박진영 씨가 내렸다 할지라도)를 거름 삼아 BTS의 성공에 일조할 수 있었던 건 아니었을까?

그런데 아무리 그래도 그렇지 인류 역사상 가장 유명한 발명가 에디슨과 한낱 국내 가수를 비교하느냐고? 둘의 우위를 따지자는 것이 아니니, 우린 도전 정신에서 영감만 얻자.

계속 부정적으로 재고 비교하다 보면 제2의 에디슨도, 제2의 BTS도 나오지 않는다. 생각의 틀을 깨야 한다. 안 된다는 가스라이팅에서 벗어나라.

내가 좋아하는 〈행복을 찾아서The Pursuit of Happyness〉라는 영화가 있다. 네? 방금 오타 났다고요? 'Happyness'가 아니라 'Happiness' 아니냐고요?

주인공의 아들 역시 어린이집에 쓰여 있던 'Happyness'의 철자가 틀렸다고 지적한다. 영화가 마무리될 때쯤, 왜 제목을 그렇게 지었는지 의도를 파악할 수 있었다. 행복은 'Y(why, 왜 행복하지 않은가)'가 아니라 'I(나)'에 있기 때문이라는 것을 강조하기 위해서였다.

이것 말고도 영화의 대사를 빌려 여러분에게 전하고 싶은 말이 있다.

그 누가 너에게 '넌 할 수 없어'라고 말해도 듣지 마.
그게 설사 아빠라고 할지라도, 알았지?
꿈을 가지고, 그것을 지켜.
사람들은 그들 스스로 할 수 없으니까, 너에게도 "넌 할 수 없다"라고 말하고 싶어 하거든.

당신의 삶이 지금 시궁창에 있다고 하더라도, 당신의 끝은 궁궐에 있을 수도 있지 않을까 하는 생각의 전환이 필요하다. 성공의 스위치를 켜자.

누군가 잔소리를 하면 돈을 받아라

경청은 늘 중요하다. 하지만 당신의 소중한 시간과 에너지를 소진하면서 다른 사람들의 말을 들어줄 필요가 없다. 그럴 거면 차라리 돈을 받고 들어줘라. 잘 들어주는 사람일수록, 상대방은 '심봤다'라는 생각으로 가스라이팅하고 싶어 안달 내는 경우가 있다. 그럴 때는 과감하게 차단해라.

책을 읽고 있는 당신이 얼마나 못났는지는 잘 모르겠으나, 자신도 컨트롤하지 못하는 사람이 타인의 삶에 이래라저래라 하는 것 역시도 못난 짓이기 때문이다.

사람의 속성상 본인이 틀린 것을 인정하기란 쉽지 않은 일이다. 설사 틀렸음을 알더라도 자신감과 자존감을 잃지 않기 위해 고치려 하지 않는다. 그러니 당신 역시 다른 사람을 바꾸려 하지 않았으면 좋겠다. 흔한 말이지만, 타인보다 자기 자신을 바꾸는 것이 훨씬 쉽다.

이제는 당신이 누군가를 만날 때, 상대방이 당신을 평가한다 생각하지 말고, 우리가 그들을 평가한다는 마인드로 임해보자. 당신이 평가받는다고 생각하면 수동적이고 부정적인 감정이 들지만, 반대로 당신이 평가한다고 하면 능동적이고 긍정적인 기분이 들 것이기 때문이다. 앞에서 이야기했지만, MBTI나 사주, 혈액형 등 여러 기준이 있겠지만 사람 자체를 인정하는 것이 중요하다.

'이걸 고치면 더 잘되겠지?'라고 생각하고 어설픈 조언을 할 수도 있다. 아주 냉철하게 말하자면, 그걸 고치는 순간에 이미 그 사람은 그 사람이 아니다. 그러니 이제 사람을 만나면 그 사람 존재 자체를 인정하고, 당신 역시 조언할 시간에 자기계발에 집중하자.

조언이나 충고를 하고 싶어지면 '아, 지금 내가 상대방에게 내 생각이 옳다며 과시하려고 그러는구나'라고 자각하자. 이 책을 읽는 당신도 조언이라는 이름으로 가스라이팅하려는 시도가 들어오면 싹둑 잘라버려라.

조언을 빙자한 가스라이팅과 조언의 차이를 알려면 상대방의 말이 당신의 삶을 위한 것인지, 아니면 그 사람의 삶을 위한 것인지 곰곰이 생각해봐야 한다. 그 사람의 자존감을 상승시키기 위해 당신이 제물로 바쳐지지 않기를 진심으로 바란다. 첫 번째 비밀에서 말하지 않았는가? 늘 당신이 옳다.

덧붙여 타인의 말에 너무 쉽게 상처받고 포기할 필요도 없다. 결국 그들은 날 잘 알지 못하는 이들이다. 기껏해야 몇 년, 길게 잡아도 10여 년 본 것이 아닌가? 샴쌍둥이처럼 일거수일투족을 함께하는 것이 아니라면, 당신을 온전히 알 수 없다. 당신에 대해 잘 알지 못하는 이들이 하는 말에 상처를 받고 좌절할 필요 없다.

당신은 지금 몇 살인가? 그들의 말이 지금까지 내게 도움이 되었는가? 뼈와 살이 되었는가? 어차피 그들의 말은 당신 인생에 하나도 도움이 되지 않는다. 그것을 받아들일 것인가? 그냥 패싱할 것인가? 선택은 오직 당신만이 할 수 있다.

내가 되고 싶었던 나로 살자. 당신이 스스로에게 하는 말이 곧 당신의 삶이 된다. 뇌는 그것을 사실로 인지할 것이기 때문이다.

아무리 사람들이 비웃고 무시한다 해도 결국 당신이 해냈을 때 비웃음은 침묵으로, 무시는 존경으로 바뀔 테니 흔들리지 말고 당신의 길을 온전히 걸었으면 좋겠다. 2010년 남아프리카공화국 월드컵을 앞두고 개최된 한일전에서 일본 관중의 과한 야유에 아랑곳없이 박지성 선수는 골을 터뜨리고, 산책 세리머니를 하며 야유하는 관중을 침묵시켰다.

상대방의 모든 행동에 답할 의무는 없다. 당신의 시간은 소중하기에 친절함의 가면에 속아 불필요한 행동에 리액션을 취하지 말자. 내가 겪고 있는 문제나 고민 등을 타인과 공유하고 싶을 때도 참자. 어차피 그들은 관심이 없고, 당신이 그런 문제를 겪고 있다는 사실을 알고 자신이 겪는 것이 아니라서 다행이라고 생각할 것이기 때문이다.

내 기분은 내가 정하는 것이다. 화가 났다는 건 뭔가 잘못되었음을 직시한 것이지 정말 화가 난 건 아니다. 화는 당신 스스로가 나는 이제 '화를 내야지' 하고 결정하고 선택했기 때문에 나는 것이다. 그 유명한 '분노 조절 장애'와 '분노 조절 잘해'를 떠올려봐라. 마동석을 보고서도 분노를 조절하지 못하면 분노 조절 장애가 맞다.

어떤 이는 인간은 생물학적 기계에 지나지 않기에 자의식대로 살지 말라고 강조하지만, 난 인간은 생물학적 기계가 아니라 생각하기에, 자의식대로 흘러가는 흐름을 역행하고 싶지 않다. 나는 자의식대로 흘러가는 삶을 살았고 결국 그게 맞다는 것을 입증했기 때문이다.

화가 나면 화를 아예 안 내지는 못하겠지만, 그것을 인지해 어느 정도는 수위를 낮출 수는 있을 것이다. 이 모든 것은 자의식을 잘 인지하고 있어야 가능하지만, 이 모든 것은 자의식을 잘 인지하고 있어야 가능한 일이며, 자의식을 경계 대상이 아닌 평생 친구로 삼는 것이 오히려 유익하다. 실제로 일론 머스크처럼 크게 성공한 사람들은 자의식의 흐름대로 움직인다.

자신의 결정은 자신이 내릴 수 있다.

너는 할 수 있다.

나는 할 수 있다.

하면 된다.

안 해서 안 되는 것이다.

타인의 삶에 이래라저래라 하는 것은 쉽지만, 정작 그렇게 조언하는 사람들도 자신들보다 더 나은 사람이 조언하면, 그대로 따라 하기 쉽지 않다. 결국 자신이 살아온 방식대로 삶을 해석하기 때문이다.

코인 투자로 운 좋게 100억 원대 부자가 되었거나 로또에 당첨되었다고, 일만 하고 있는 당신을 고지식하고 따분한 사람이라 치부하는 것만큼 우스운 일이 어디 있는가?

결국 성공한 사람의 삶이 진리처럼 느껴질 뿐이니까 그렇다. 하지만 설사 그렇다고 하더라도 한 번뿐인 당신의 삶에서 시도 한 번 해보지 않고, 그대로 로그아웃하는 것은 너무 아쉽지 않은가?

누군가가 당신의 도전을 만류하는 이유는 명확하다. 일반적으로 도전에 성공하기가 실패하는 것보다 더 어렵기에, 실패했을 때 "거봐, 그때 내가 뭐라 그랬냐. 만류하지 않았냐?" 하면서 자기 자신이 옳았음을 자랑하며 대화에서 우위를 점할 수도 있다. 또 조언을 한 자신이 당신보다 더 나은 사람이어야 하는데, 혹시 성공해서 당신이 자기 자신보다 더 잘되면 어쩌나 하는 마음도 일부 있다. 자신은 제자리에 있는데 당신이 성공한다면 상대방은 당신보다 열위에 놓일 것을 걱정하기 때문이다.

비약이 심하다고 느낄 수 있지만, 그렇게 생각해서라도 타인이 당신에게 가스라이팅 아닌 가스라이팅을 하며 당신이 날지 못하게 만드는 것을 절대 막아라!

그들이 당신에게 하는 부정적인 말을 악마의 속삭임으로 여기자. 그들의 말이 당신에게 일시적으로는 편안함과 안정감을 줄지는 모르겠으나, 장기적으로 당신의 인생에 도움이 되지 않을 것이다. 귓가에 맴도는 유혹의 속삭임에 단호하게 거절해야 한다. 방치하다 보면 유혹의 속삭임은 계속 당신을 찾아올 것이고, 결국 악마의 속삭임이 당신을 지배할지도 모르기 때문이다.

그리고 생각해봐라. 누군가의 조언을 다 받아들여 성공한 사람이 있는가? 아니면 주변 사람들의 만류에도 자신의 신념대로 밀어붙였을 때 성공한 사람이 많은가? 파랑과 빨강 중 더 괜찮은 색상이 있는가? 모두 자기 관점대로 생각한다.

주변 친구들이 SNS상으로나 만나서 즐겁게 인생을 살아가고 있다면, 그들에게 박수나 쳐주고 부러운 척이나 해줘라. 그들의 목적은 당신의 부러움을 사는 것이고, 그렇게 부러움을 산 그들은 현재 자신의 자리에 만족해하며 안주할 수 있다. 당신이 인생을 충분히 즐기지 못한 것을 안타까워하면서.

당신이 해야 할 일은 그런 사람과 당신을 비교하며 자신을 불쌍히 여기는 것이 아니다. 남들이 안일한 마음을 가질 때 더 열심히 뛰어 그들의 인생을 역전하는 것이다. 역전하지 못하면 당신의 인생은 여전할 것이기 때문이다. 오히려 당신에게는 더 나은 기회일 수 있다. 지질한 사람이 많은 것에 감사하자. 그 덕분에 당신이 성공할 확률이 높아진다.

당신이 그들보다 실제로 나은 것은 없을 수도 있다. 하지만 잊지 말아야 한다. 토끼가 자만에 빠져 긴장을 내려놓을 때 당신은 거만한 토끼를 앞지를 수 있다. 자꾸 당신의 인생에 참견하며 갈등하게 만든다면, 갈등을 초래할 비용으로 청구서를 내밀어라. 자꾸 그렇게 잔소리할 거면 차라리 말이 아닌 돈으로 도와달라고 덧붙이면서 말이다. 당신의 고유한 생각과 행동에 함부로 불법 침입했으니, 보상을 청구해라.

요즘 극악무도하고 잔인한 범죄가 많이 일어난다. 그런데 늘 피해자가 더 피해를 보고 가해자는 떵떵거린다. 그런 피해자를 보면서 측은지심이 느껴지고, 피해자를 돕고 싶은 마음이 생기지 않던가? 그런 마음으로 자기 자신을 도와라. 그래서 절대 당신이 삶에서 피해를 보는 일이 없도록 하게 만들어라.

당신 스스로 당신에게 가해자가 되지 마라. 자식 사랑이 유별난 부모는 자기 아이가 상처받을까 전전긍긍한다. 아이에게 일말의 상처도 허락하지 않으려고 강경한 모습을 보인다. 당신의 삶을 방해하는 타인의 잔소리로부터 보호하는 유별난 부모가 되어라. 당신을 타인의 부정적인 영향에서 보호해야 할 아이로 생각했으면 한다.

당신이 대표이사다

내 인생의 결정은 타인이 아니라 본인 자신이 하라고 한 이야기에 덧붙여보겠다. 2021년부터 이 책을 쓰기 시작했고, 2023년 9월 18일 출간 계약을 마쳤지만, 그래도 퀄리티가 조금 더 높은 책을 출간하고 싶어 틈틈이 글을 다듬고 있었다.

그러다가 9월 25일, 우리 회사 펀드에서 편입한 채권을 발행한 회사가 부도 났다. 이 이야기를 소개하는 것이 옳은 일인지 많이 고민했다. 내가 최대 주주이자 대표이사로 재직 중인 회사에 도움이 되는 이야기도 아니고, 오히려 실력 없는 회사라고 알리는 꼴이 되기 때문이다. 그럼에도 더 큰 가치를 위해 이야기하려 한다.

회사를 창립하자마자 승승장구해온 나로서는 무척 큰 충격을 받았다. 물론 전체 펀드 중 10% 미만의 비중이기에 수익률이 5~6% 정도밖에 줄지 않아, 몇 개월 안에 수익률을 회복할 수는 있겠지만, 나에게는 수익률이 문제가 아니라 투자한 회사가 부도 났다는 것이 충격이었다.

나의 사업체는 자산 운용(펀드), 투자 일임, 투자자문, 경영 컨설팅을 비롯해 다양한 업무를 담당하고 있으며, 개인적으로도 방송과 책 집필, 여러 인터뷰 등을 하느라 시간 여유가 그리 많진 않다.

펀드매니저끼리 만나 어떤 상품이 더 좋은지 고민하다 이 채권에 대한 이야기가 나왔다. 흥행이 되지 않아 채권을 할인해서 받을 수 있는 좋은 기회이고, 상장된 채권은 웬만하면 거의 다 원금을 회수할 수 있는데, 할인해서 넘기다 보니 남은 물량이 별로 없다는 것이다. 이 이야기를 해준 펀드매니저는 내가 손에 꼽는 실력 있는 분이었고, 신뢰도도 꽤 높았다. 나 자신 다음으로 신뢰하던 매니저의 조언이었기 때문에 나도 함께 편입했다.

그러나 채권 편입 후 불과 2개월 만에 부도가 났다. 내가 투자한 회차의 채권은 300억 원 규모로 다수의 주요 증권사와 주요 운용사가 함께 편입한 채권이었다. 아무리 신뢰 가는 사람이라도, 아무리 큰 회사가 함께 투자한다고 했어도 투자할 때는 다각도로 검토해보고 편입했어야 했다. 내가 직접 투자를 검토하고 집행한다는 내가 만든 내 룰을 직접 깼더니, 바로 이렇게 큰 손실이 발생했다.

충격을 받은 기관 투자자들이 모여 사건 발생 2일 만에 바로 사채권자 회의를 했고, 공동 대응하겠다는 뜻을 모았다.

그러나 나의 생각은 다소 달랐다. 증권사처럼 큰 기업은 소송

등 큰일을 결정할 때 논의와 프로세스 등이 진행되는 시간이 오래 걸릴 것이고, 수많은 기관 투자자가 협의해나가는 데에도 어려움이 많을 테니 고의로 부도를 낸 곳을 이기기는 쉽지 않을 것이라 판단했다. 여기에 구체적으로 적지 않겠지만, 부도 직전 영업일에도 상환하겠다고 했는데, 다음 영업일에 바로 기업 회생 절차를 신청했다. 일반적으로 기업 회생 절차를 신청하려면 물리적으로 적지 않은 시간이 걸린다.

그렇기에 장시간 계획을 짠 사람들과 이제 막 모여서 서로 인사하기 시작한 사람들의 역량은 절대 같을 수 없고, 상대적으로 불리할 수밖에 없다. 부도 낸 회사에서도 이런 것을 예상했을 것이다.

나는 사무실로 돌아간 후 대책을 세워 사채권단 모임방에 있는 그대로를 밝혔다. 변호사를 선임할 시간이 없고, 선임한다고 해도 다른 사건 진행으로 바쁠 변호사들이 우리 사건을 최우선으로 하지는 않을 것이라는 판단하에 나는 직접 소장을 작성했다. 나에게는 이 일이 최우선이었기 때문이다.

재미있는 것은 모든 송사에서 나는 단 한 번도 패소한 적이 없다는 사실이다. 심지어 단 한 번도 변호사를 선임한 적이 없고 내가 직접 대응했지만 져본 적이 없다. 왜일까? 비결이 뭘까?

최고의 승소 비결은 '법을 잘 지키는 것'이다. 비싼 돈과 신경을 쓸 필요 없이 처음부터 법을 다 지키면 된다. 흔히 법을 잘 지키지 않는 이유가 법을 어겼을 때 받을 페널티가 법을 지켰을 때 입을 손해보다 작기 때문이다.

나도 법을 잘 지켜서 경제적으로 이만저만 손해를 본 것이 아니다. 이에 대해서는 내가 운영하는 텔레그램에 숱하게 써놨다. 그럼에도 당신이 조금 더 큰 것을 바라본다면, 당장은 손해가 날지언정 법을 지키는 것이 좋다. 나중에 성공했을 때 발목이 잡히지 않도록 말이다.

정당하게 행동하면 그만큼 덜 불안한 삶을 살 수 있다. 이따금 직원들에겐 이런 말을 하곤 한다. "쪽팔리게 살지 마라"라고. 정정당당하게 살면 쪽팔릴 일이 없다. 그럼 그 자체로도 당신은 정정당당한 주체가 될 것이다.

너무 당당하게 살다 보면 사람들이 "누가 욕하지 않겠냐"고 말하곤 하는데, 정정당당하게 살면 '그래서 어쩔 건데, 법은 법대로 다 지켜오면서 살아왔는데, 내가 뭘 잘못했는데?'라고 스스로 당당할 수 있다.

항상 부끄럽지 않게 살자. 쪽팔리게 사는 건 정말 쪽팔린다.

센 이야기를 스스럼없이 하면 적이 늘어나고, 시기와 질투를 하는 사람이 생길 수밖에 없다. 하지만 법만 잘 지키면 그들이 설사 나를 미워할 순 있어도, 나를 해하긴 쉽지 않다. 나 스스로 부끄럽지 않게 행동하고 법을 준수하면 무적이 될 수 있다.

물론 나도 알게 모르게 법을 위반한 것이 있을 수도 있겠다. 세상에 무단 횡단 한 번 안 해보고, 쓰레기 안 흘려본 사람이 어디 있겠는가? 그럼에도 최선을 다해 법을 지켜야 한다. 그게 위기 시 당신을 지켜줄 것이다.

앞 이야기로 돌아가면, 나는 그 회사와 그 회사의 회장, 사장을 각각 사기죄와 배임죄로 고소했다. 물론 투자에 실패할 수도 있다. 하지만 의도적으로 속이고 돈을 받아 가로챘다면, 소송을 하는 것이 맞다.

내 잘못이 아닐지언정 이번 사건으로 또 한 번 깨달았다. 모든 결과는 내 책임이니까, 반드시 내 주도로 진행할 것이며, 타인의 조언은 참고만 하자. 잘되어도 내 탓, 못 되어도 내 탓이다(참고로, 2023년 09월 25일 대유플러스 부도로 인해 마이너스로 전환된 당사의 A펀드는 2023년 11월 29일 플러스로 전환했으며, 2023년 한 해 수익률 33.81%를 기록했다. 그리고 저자의 소송 상대인 회장은 2024년 2월 구속되었다).

유튜브, 블로그 혹은 책에 담긴 지식이 모두 맞지 않을 수 있다. 거기서 봤는데 이렇다더라, 저기서 봤는데 저렇다더라 하면서 나는 잘못이 없는데 다른 사람이 잘못 말했다는 것은 비겁한 변명이다. 모든 것은 당신 자신이 책임져야 한다. 유튜브, 블로그, 책, 심지어 당신의 소중한 지인이라도 당신의 인생을 책임지지 않는다.

당신이 당신이라는 인격체의 대표이사다. 미성년자의 대주주가 부父 50%, 모母 50%로 구성되어 있다면, 성인이 되면 당신이 최대 주주가 된다. 그리고 당신이라는 인격체의 대표이사로 취임할 것이다. 대표이사는 모든 것에 대해 결정하고 그에 따라 행동하고 책임지는 사람이다. 당신이 한 행동에 대한 책임을 직원에게 떠넘길 수 없다. 설사 직원이 명백한 잘못을 해도 당신 책임이다. 회사가 잘된다면 당신 덕분이고, 회사가 망하고 있다면 당신 책임이다. 그냥 100% 당신 책임이다. 당신의 역할을 돌보지 않는다면 당신은 큰 벌을 받을 것이다. 그것을 깨닫는 것이 당신의 성장을 위해 꼭 알아두어야 할 기본 마음가짐이 되었으면 좋겠다.

몰래 던져주는 인생 Tip: 합법적으로 가스라이팅하는 법

주변 사람들이 하는 말에 가스라이팅당하며 휘둘릴 바에야 당신이 직접 가스라이팅하는 편이 낫다. 물론 타인을 대상으로 하는 것이 아니라 자기 자신에게 말이다.

우리의 뇌는 평소 습관이나 생각 등 익숙함을 더 강화하게 설계되어 있다고 한다. 오늘 당신이 한 생각과 습관, 행동은 내일 더 강화될 것이다.

나는 가끔 '아바타를 조작하는 방법'을 사용한다. 인터넷 용어로 사용자의 분신을 뜻하는 아바타는 사용자가 직접 조작하는 캐릭터인데, 가끔 내가 무언가를 하기 싫을 때 나의 정신과 육신을 나 자신이 아닌 직접 조작할 수 있는 아바타 캐릭터라 가정하고, 그 아바타에게 시킨다. 주인이 명령한 대로 아무 생각 없이 움직인다고 생각하면 심리적으로 더 편하기 때문이다.

예를 들어 운동이나 청소 등 특별히 창의성을 요하는 일이 아닌 경우, 단순히 시간을 투자하면 되는 일이라면 심리나 감정의 소모 없이 그냥 신체만 써서 한다는 생각으로, 그것도 내가 하는 것이 아닌 듯한 느낌으로 한다.

그러면 상대적으로 하기 싫거나 힘든 일을 내가 아닌 나의 캐릭터가 한다는 기분이 들기에 절대적이지는 않지만, 그래도 비교적 쉬운 마음으로 할 수 있다. 물론 매번 그렇게 하다 보면 의구심이 들어서 이런 방법이 먹히지 않을 수도 있기 때문에, 생각 없이 몸만 움직여야 할 일이 있다면 가끔 이런 방법도 고려해 보자.

단순히 분신이라 생각하고 키우는 것이 익숙해졌다면, 이 캐릭터의 레벨을 올려보는 방법이 있다. 내가 게임 캐릭터를 키우는데 '이 캐릭터는 어땠으면 좋겠다' 하는 것을 내가 바라는 캐릭터의 역량이나 기술 등에 적용해보는 것이다.

이렇게 타인이 아닌 자신을 또 하나의 자신이자 페르소나라고 생각하면 자기계발이 버거워질 때쯤 힘이 되어주기도 하니 꼭 참고하길 바란다.

어느 날 창가에서 반짝이는 별을 보았다. 그러다 문득 생각이 들었다. 저 별에도 우리 지구별처럼 누군가 살고 있을까? 만약 누군가 살고 있다면 그들도 지구를 바라보며 '사람이 살까?' 하고 똑같이 생각할까?

우주의 관점에서 보면 지구는 점 하나에 지나지 않고, 지구에서 살고 있는 당신은 그 점보다도 작은 하나의 생명일 뿐이다. '잘나고 못나고'의 차이가 크지 않다.

여기서 더 나아가 때로는 이 세상을 가상 세계로 여겨보는 것도 한 방법이다. 앞에서 말한 내용의 연장선으로, 당신은 사실 누군가의 게임 캐릭터일 수도 있다. 가상 세계인 만큼 이 세상이 허구일 수도 있다. 더 이상 잃을 것이 없다고 생각하고 오늘 당장 도전해보는 건 어떨까?

세 번째 비밀: 아주 마이너한 인문학

'마이너하다'는 것은 주류가 아닌 비주류 혹은 인기 없는 취향 등을 뜻할 때 주로 쓰이고, 인문학은 인간의 사상 및 문화를 대상으로 하는 학문 영역을 뜻한다. 여기서 나는 아주 마이너한 인문학, 즉 비주류적 인간의 사상 혹은 문화, 하지만 정답이 없는 삶에서 나름대로 느낀 새로운 인문학 또는 사람과의 관계에 대해 이야기해보고자 한다.

인간관계를 다시 배우자

인간관계를 책으로 배우려는 사람들이 많다. 물론 무엇부터 시작해야 할지 모르는 사람이라면 그럴 수 있지만, 책을 읽다 보면 사실 내용이 다 비슷하다.

친절해야 하고, 자신감 넘쳐야 하고, 포용해야 하고, 배려해야 하고, 겸손해야 하고….

모두 맞는 말이다. 그러나 결국 인간관계를 배울 수 있는 가장 효율적인 방법은 역시 사람을 직접 대하는 것이다.

요즘 여러 온라인과 모바일을 통한 소셜 모임이 많다. 주기적으로 매번 참가하는 모임은 없지만, 나도 리프레시가 필요할 때 온라인·모바일 소셜 모임에 가끔 나가보곤 한다. 그곳이 바로 사람을 배울 수 있는 현장이다.

좋은 사람, 멋진 사람이 많다. 그들을 만나면 기분이 좋다. 그 사람의 장점을 배우고 싶은 욕구도 샘솟는다. 별로인 사람을 만나면 당연히 기분이 나쁘다. 하지만 어차피 일회성 만남인 만큼 나는 거기서 더 좋은 기회를 포착한다.

박식함을 뽐내며 대화를 독식하는 사람 때문에 눈살을 찌푸려본 적 없는가? 모든 말에 오지랖을 부리며 부정적으로 반박하는 사람이 있으면 아무 말도 하기 싫어진다.

그런데 이들은 책에는 나오지 않는다. 책에는 묘사되지 않는 현실 속 빌런을 직접 눈으로 보고 대할 수 있으면 반면교사로 삼고 본인은 거기서 인격적으로 한발 더 올라서면 된다.

어떤 이는 자신은 인간관계를 잘하고 있다고, 책은 필요 없다고 생각할 수도 있겠다. 그러나 친한 사람이 많다고 자부하지 마라. 가족이나 친인척, 오래된 친구가 아니라 사회에서 만난 사람들에게 담보나 계약서 없이도 돈을 빌릴 정도로 신용을 쌓는 것이 또 하나의 무기가 될 것이다.

인간관계가 좋다는, 아니 신용이 높다는 것은 그런 의미다. 오로지 당신이라는 사람의 신용만 믿고 불안감 없이 빌려줄 수 있는 사람이 있다는 것.

나는 처음 회사를 창립할 당시 그 흔한 계약서 하나 없이 투자를 받았으며, 지분을 되사올 때 역시 그들은 내게 어떠한 금액을 제시하지 않았다. 오로지 내가 제시한 금액으로 매수하겠다고 했는데, 지분을 내놓아야 하는 주주 전원이 흔쾌히 임했다.

우리 집이 신용을 담보할 수 있는 처지도 아니었고, 부동산 등의 자산도 없었다. 그런데 어떻게 이런 일이 가능했을까?

신용도 높은 인간관계란 술잔을 기울이고 같이 어울려서 이루는 것이 아니다. 그들은 내가 평소에 어떻게 일을 해왔고, 그 이후에 꿔온 꿈이 얼마나 구체적이며, 성공에 대한 열망이 얼마나 큰지 알아서다.

회사를 운영하면서 돈을 빌려야 할 상황은 비일비재할 수도 있다. 그럴 때 단순히 술 한잔 기울일 친구가 많다고 해서 당신이 인맥이 넓고 사회관계가 좋다고 말하지 마라.

오히려 나처럼 호불호가 갈릴지언정 나라는 사람을 온전히 믿는 진짜 자기편을 더 만들어봐라.

그게 인간관계다.

끝나지 않는 사회적 거리 두기

코로나19 바이러스의 등장으로 '사회적 거리 두기'가 흔한 이야기가 되었다. 매주 감염자 수에 따라 1단계에서 4단계, n단계까지, 그다음 주엔 몇 단계가 시행되는지, 그 범위가 어느 정도인지에 온 국민의 관심이 쏠렸다. 그러나 2년 가까운 사회적 거리 두기로 국민들은 점차 지쳐갔고, 코로나19가 엔데믹화되면서 사회적 거리 두기 제도는 사라졌다.

하지만 이 책을 읽는 여러분은 다시 사회적 거리 두기를 시작해야 한다. 주변에 당신의 삶을 갉아먹는 '불량한 사람' 바이러스에 수시로 노출되기 때문이다. 그 사람들은 손 소독제나 마스크, 글로벌 제약사의 예방주사로도 물리칠 수 없다. 치료제도 없고, 오직 사회적 거리 두기만이 답이다. 불량한 사람 바이러스의 증상은 다양하다. 일반 바이러스처럼 두통을 동반할 수도 있고, 우울증을 가져올 수도 있고, 화병이 나서 드러눕게 할 수도 있다. 무엇보다 안 좋은 점은 점점 당신도 모르는 사이에 당신의 삶에 악영향을 끼친다는 것이다.

그들은 당신이 앞으로 나가지 못하게 자신감을 꺾어버릴 수도 있고, 괜한 질투심과 시기로 당신의 행동에 제약을 걸 수도 있다. 그 바이러스는 겉모습으로는 절대 알 수 없다. 그렇기에 전조 증상이 나타나면 얼른 그 자리를 떠나야 한다. 즉 사회적 거리 두기를 해야 한다.

어떤 사람이 바이러스 같은 사람인지는 당신 스스로도 느낄 수 있을 것이다. 예의를 지키지 않는 사람, 당신은 이러이러한 사람이라며 정작 당신을 가장 잘 아는 당신에게 허락도 받지 않고 코칭하는 사람. 이 아까운 페이지에 굳이 나열하지 않아도 당신은 충분히 느낄 수 있다.

다만, 꼼꼼한 당신은 혹시 이 사람이 바이러스인지 귀인인지 끝까지 알 수 없다는 자기 최면으로 애써 모르는 척할 뿐이다. 바이러스는 처음에 잡지 못하면 결국 걷잡을 수 없이 커진다.

당신의 삶은 소중하다. 절대 불량한 사람 바이러스에 감염되지 않기를 바란다.

당신은 이용 가치가 있는가?

불량한 사람 바이러스를 한 명 한 명 피하다 보면 어느새 당신 주변엔 사람이 없을 수도 있다.

어떻게 하면 불량한 사람을 피하면서 당신 주변에 사람을 모이게 할까? 빛나는 외모나 매력을 갖추지 못했다면 쓰임새가 있어야 한다. 쓰임새라고 해서 대단한 것이 아니다.

성격이 착해서 남의 부탁을 잘 들어주는 것도 쓰임새가 있는 것이고, 어떤 질문에 답해주는 것만으로도 쓰임새가 있는 것이다. 한마디로 당신은 이용 가치가 있어야 한다.

자기계발서에서는 인맥 쌓는 것에 관해 크게 두 가지로 나누곤 한다. 열심히 인맥을 쌓으러 다니는 것과 자기 일만 열심히 잘하면 자연스레 인맥을 쌓이는 것. 어느 것이 맞을까?

물론 후자가 자기계발서에 어울리는 멋진 조언이다. 그러나 이 역시 상황에 따라 바뀔 수 있다. 말로 설명하기보다는 내 사례를 이야기하는 편이 나을 것 같다.

지금에야 너무 많은 사람이 날 찾아줘서 하루에도 전화기를 내던져버리고 싶은 적이 한두 번이 아닐 정도지만, 예전에는 내가 사람들을 찾아다녔다. IPO, 공모주 투자는 사실 10대 초등학생부터 80대 노인까지 할 수 있는 쉬운 투자다. 어지간해서는 투자 실력이 크게 차이 나지 않는다. 여기서는 실력으로 날 찾게 만드는 것이 정답이 아니다.

오히려 열심히 인맥을 쌓으러 다니는 것이 선행되었어야 했다. 그런 다음 남들보다 뛰어난 실력, 남들보다 압도적인 네트워킹으로 정상에 오르는 듀얼 전략을 택했다. 물론 여기서 단순히 사람만 많이 만난다고 해결되는 문제는 아니었다.

내가 펀드매니저가 되었을 때, 지식과 실력이 부족하다 말하며 나를 낮추고 사람들에게 많은 것을 배우고 들었다. 그러면서 점점 콧대 높은 펀드매니저 사이에서 어떻게 친해져야 하고 어떻게 살아남아야 할까 깊이 고민했다. 그 결과 내가 쓰임새가 있어야 하고, 사람들이 나를 찾게 만들어야겠다고 생각했다. 나를 찾게 만들려면 내가 잘난 사람이 되거나 혹은 잘난 사람처럼 보여야 했다.

그래서 두 가지 전략을 세웠다. 하나는 인간관계를 활용하는 것이고, 두 번째는 다른 사람의 시간을 절약해주는 것이었다.

기관 투자자 관점으로 보면 공모주 영역은 크게 두 가지 집단이 메인이다. 하나는 해당 딜deal을 메이킹하는 IB(주관사)와 그 딜에 투자하는 기관 투자자다. 내가 운용하는 펀드는 공모주 전문 펀드였기에, 다행히 내가 증권사 IB 재직 당시 주체적으로 만든 모임과 여러 인맥을 통해 많은 도움을 받을 수 있었고, 그때

사귀었던 친구들 역시 같은 일을 했기에 그들의 친구를 소개받는 등, 기존 지인을 통해 새로운 사람을 만나고, 새로운 사람을 통해 새로운 만남을 이어가며 많은 사람들과 관계를 만들어나갔다.

그뿐만 아니라 앞에서 말한 IB와 기관 투자자 외에 다른 사람들이 신경 쓰지 않았던 보이지 않는 집단과도 친하게 지냈다. 기업공개를 하면 상장 예비 심사 청구라는 것을 하게 되는데, 이 심사을 승인 권한은 한국거래소 상장 심사 팀이 가지고 있다. 승인과 불허를 결정하는 막강한 권력 집단이라 할 수 있다.

어쩌다 보니 한국거래소 상장 심사 팀장과 친해지게 되었는데, 그로 인해 또 다른 인맥도 형성되었다. 그뿐만 아니라 기업공개를 하면 투자자에게 기업에 대해 투자 관점으로 알려야 하는 행동을 IR이라고 하는데, 이 IR을 주관하는 곳은 IR 대행사다. 대부분의 애널리스트와 기관 투자자는 대행사에서 잡아준 일정에 따라 IR을 듣는다. 한국의 기관 투자자는 엄청 많기에 모두 다 들을 수 없고, 몇몇 소수 기관 투자자만 들을 수 있다.

당시 소형사에 다니던 내게는 IR을 들을 수 있는 기회가 많이 오지 않았다. 그래서 IR 대행사와 우선 친해졌다. 지금은 내가 대한민국에서 기업공개를 하면 오너 혹은 대표가 가장 먼저 만나는 사람이 되었다. 즉 2015년부터 상장한 기업의 오너 혹은 대표 중 95% 이상은 모두 나를 만났다고 생각하면 된다.

내 삶에는 조력자가 많다. 모두 나를 성장시켜준 정말 고마운 분들이다. 물론 고마운 사람뿐만 아니라 불량한 사람도 있었지만, 과감하게 끊어냈다. "이경준 주변 사람들은 인증된 사람들이다. 이경준이 사람 손절을 잘하기로 유명한데 옆에 있다는 것은 인성적으로 인증이 되었다는 뜻이다"라는 우스갯소리도 있었다. 그만큼 난 바이러스 같은 존재와는 겸상도 하지 않지만, 악의가 없는 이들에게는 대체로 친절하고 잘 대하려고 노력했다.

두 번째는 정보와 지식을 전달해 도움을 주는 일이었다. 나는 다른 사람에게 쓰임새가 있어야 했다. IPO와 관련된 모든 일정과 더불어 하루에 올라오는 많은 기사 중 누구나 알 만한 내용이 아니라 전문가(기관 투자자, IPO 주관사, IR 대행사 등)가 관심 가질 만한 주제로 임팩트 있는 것을 선정해 매일매일 작성해서 개인 메신저로 전송했다.

사람들이 아침에 출근하면서 볼 수 있게 이른 시간대인 6~7시에 보냈다. 내가 작성한 콘텐츠가 읽히길 바라는 마음에 한 글자 한 글자 정성을 쏟았다. 정보의 홍수 시대에 사는 사람들에게는 정보는 너무나 많았고, 개인 투자자가 아니라 전문가라 자부하는 사람들을 대상으로 했기에 단순한 복사와 붙여 넣기로 이루어진 자료는 의미가 없었다.

기사 역시 단순 검색이 아니라 24시간 안에 올라오는 관련 기사를 여러 검색 용어(IPO, 상장, 기업공개, 공모주 등)를 사용해 대부분의 기사를 직접 읽고 선별했다. 이렇게 기사를 읽고 선별하는 시간만 해도 하루에 3~4시간에 달했다. 특히 새벽에 올라오는 기사도 적잖게 있어서 눈 뜨자마자 밝은 디스플레이로 작업하느라 많은 고생을 했다.

그렇게 퀄리티 높은 기사만 선별해 전달하다 보니, 서로 자신도 매일 메시지를 받아보겠다고 요청해왔는데, 그때부터 메시지 대량 전송이 가능한 텔레그램 채널을 사용하게 되었다. 텔레그램 채널은 1:1 SNS인 카카오톡보다 대중을 대하기에 훨씬 효율적이었다. 이렇게 탄생한 채널이 〈이경준 혁신IB자산운용 대표의 화話〉(https://t.me/KoreaIB)다.

원래 채널명은 조금 달랐다. 회사를 창립하기 전에 '이경준'이라는 내 브랜드를 키우기 위해 '이경준의 IPO Notice'로 시작해 회사 창립 후 '혁신투자자문 IPOstory'와 '혁신투자자문 IPO 플랫폼'을 거쳐 지금의 채널명이 되었다. 아무튼 이렇게 IB, 기관투자자, 한국거래소, IR 대행사 외에도 나를 모르는 이들에게 유명해지게 된 계기는 기사가 한몫했다.

지금까지 주요 포털에 올라와 있는 내 실명이 들어간 기사는 현재까지 600여 개다. 익명으로 코멘트를 실은 것이 4배가량 더 많으니, 대략 2,000개 수준의 기사에 내 영향력이 미친 셈이다.

흔히 기업이 홍보하려고 광고 집행비를 쓰는 경우가 많은데, 이 2,000여 개의 기사 중 돈을 투자한 기사는 단 한 건도 없다. 이렇게 기사에 언급이 많이 되는 것은 인지도와 실력 때문인데, 앞에서 언급한 바와 같이 나는 지난 몇 년간 새벽부터 카카오톡과 텔레그램을 통해 많은 정보를 전달했고, 그 퀄리티 있는 데일리 메시지를 받아보는 텔레그램 채널 가입자 수는 현재 약 1만 3,000명이다.

태생 자체가 유튜브나 블로그 등 일반 투자자를 대상으로 한 것이 아니라, 기관 투자자와 업계 관계자를 위한 채널이기에 1만 3,000이라는 숫자는 사실상 IPO 업계에 관련된 모든 이들을 의미한다고 해도 과언이 아니다.

단순히 인지도는 높은데 지식이 없다면, 단기간에는 대중을 속일 수 있겠지만 결국 지식이 고갈되는 순간 허풍만 가득한 사람이 될 것이기에 나는 인지도와 내게 몰려드는 인맥을 잡고자 밤낮, 평일 주말 할 것 없이 IPO에 대한 지식과 정보를 쌓게 되었다.

대부분 IPO 기업이 상장 준비를 하면 대다수 업계에서 나에게 그 기업에 대해 묻곤 하는데, 여기에서 내가 말을 하지 못하고 얼버무리면 그 사람은 다시는 날 찾지 않을 것이다.

물론 현재 이 업계에서 기자들이 유일하게 찾는 펀드매니저이긴 하지만, 내가 자만하는 순간 나를 대체할 펀드매니저가 등장할 수 있다고 스스로 각인시켰다.

한두 종목이나 한두 가지 규정이나 정책을 모를 수 있다고 생각하지만, 여러 건을 모르면, 결국 나를 찾는 사람은 줄어들 수밖에 없다.

비단 기자만이 아니다. 내 주위에 펀드매니저가 많은 것은 역시 지식과 정보 면에서는 그 누구보다 많이 알고 있기 때문이다. 이 과정에서 립 서비스로 모든 이와 돈독한 관계를 만들었다면 좋았겠지만, 난 정공법을 썼다. 모든 기업에 대해 아주 솔직하게 평했던 것이었다. 지금도 그렇다. 부정적인 평가도 소신껏 이야기하는데, 이 때문에 이해관계에 있는 업계 분들과 척지기도 했다. 긍정적인 멘트보다 부정적인 멘트가 더 이목을 끌기 때문은 아니었다. 좋지 않은 것을 좋다고 이야기하고, 좋은 것을 좋지 않다고 이야기하며 내 이미지를 훼손시키고 싶지 않았기 때문이었다. 차라리 솔직한 독설가의 길을 걷기로 결정한 것이다.

지금까지 내 자랑을 듣느라 고생했다. 여기서 당신은 나를 치켜세우며 엄지를 들어 올릴 것이 아니라, 당신 역시 준비해야 한다. 모든 걸 안다면 사람들은 당신을 찾을 수밖에 없다.

그들에게 짧은 시간(질문하고 대답 듣는 시간) 대비 가장 효율적인 것이 당신에게 질문하는 것이고, 당신 역시 배운 지식으로 여러 명에게 지식이나 정보를 전파할 수 있으니 쌍방이 윈윈할 수 있을 것이다.

그렇게 되려면 당신은 당신이 성공하려는 그곳에서 최고의 전문가라는 생각으로 더 열심히 뛰어야 한다. 그래야 사람들은 당신이 쓰임새가 있다고 생각하고, 당신도 그들 중 쓰임새 있는 사람을 찾아 상호 보완하는 좋은 관계를 생성할 수 있다.

인맥이 먼저냐? 실력이 먼저냐? 닭과 달걀의 문제와 별반 차이가 없다. 인맥만 있고 실력이 없으면 뿌리 없는 나무와 같고, 실력은 있는데 인맥이 없으면 뿌리는 있는데 자라지 않는 나무와 같다. 실력과 인맥 모두 기르며 서로 보완하는 것이 최고의 방법이라 생각한다.

함께 식사를 해도 어떤 사람과는 시간을 낭비한 것 같고 어떤 사람과는 시간을 투자한 것 같다.

당신은 어떤 사람인가? 혹은 앞으론 어떤 사람이 될 것인가?

미련한 절약은 나를 해치는 것이다

미련한 절약을 멈추는 것은 나조차 아직 힘들다.

어린 시절부터 난 몸을 혹사했다. 직접적으로 자해한 건 아니지만 몸을 함부로 다뤘다. 달콤한 것이 좋아서 밥 대신 콜라나 사이다로 배를 채우는가 하면, 20대에 PC방 아르바이트만 한 11곳 정도 했다. 일하면서 틈틈이 PC를 할 수 있어 효율적이라고 생각했지만, 돌이켜 보면 담배를 피우지 않는 내게 담배 연기 가득한 PC방은 가혹한 환경이었다. 스타크래프트 열풍으로 2000년대 초 우후죽순 생긴 PC방은 너구리 굴 그 자체였다. 늘 담배 연기 자욱한 곳에서 20대를 보냈으니 직접 담배를 피진 않았지만, 호흡기가 나빠지는 건 너무나 당연한 일이다.

나는 증권사에 다니던 20대 시절에도 주말마다 끼니 걱정을 했다. 빨리 부채를 줄이고 싶어서 돈을 최대한 아껴야 했고, 주말엔 늘 오후에 일어났다. 피곤해서가 아니었다. 아침 일찍부터 일어나면 얼마 지나지 않아 식사를 해야 하는데, 오후에 일어나면 한 끼만 먹어도 저녁까지 버틸 수 있었기 때문이다. 메뉴도 늘 인스턴트 제육덮밥이었다. 배를 쉽게 채울 수 있었기 때문이다.

보험이 있었지만, 아파도 병원비가 아까워서 가지 않았다. 5,000원 자기 부담금 외에 비용 100%를 보상받았지만, 나는 미련하게도 그 5,000원조차 아까웠기 때문에 자연 치유가 가장 좋다고 스스로 합리화했다가 병을 키워 늘 더 큰 대가를 치러야만 했다.

나는 2003년 7월 24일 육군에 입대해 2005년 8월 2일에 전역했다. 특유의 복종과 불합리라는 군대 특성상 내가 군대 생활을 아주 잘 적응했다고는 말하기 힘들지만, 웬만하면 뭐든지 열심히 하자는 마음으로, 이등병 때부터 체력도 안 되지만 열심히 뛰어다녔다. 그러다 무릎을 다쳤고, 국내 군대 최고의 병원인 국군수도병원에 외진을 가게 되었다. 입대한 지 6개월도 채 지나지 않아 일병 신고도 하지 않은 때였다.

최고의 병원이라 큰 기대를 했지만, 아마도 군 의사들에게는 나 같은 환자는 합법적으로 의술을 테스트할 수 있는 실험 대상 같았을 것 같다. 입대한 지 얼마 안 된 나에게는 외진을 가는 것이 쉽지 않았고, 당연히 의무대를 거쳐 병원에 갔지만, 병원에서는 X-레이만 찍어보고 이상 없다는 판정을 내렸다.

난 MRI 한번 찍어보면 안 되겠냐고 담당 군의관에게 매달렸지만 거부당했다. 그렇게 자대로 돌아간 나는 꾀병을 부리는 병사로 낙인찍혔다. 그렇게 힘겹게 다리를 절뚝거리면서 군 생활을 했고, 상병 때 재차 위기가 왔다. 훈련은커녕 걷기조차 너무 고통스러웠던 것이다. 결국 다시 한번 간청으로 외진을 갔다.

그때에도 X-레이보다 조금 더 상위 기계인 CT로 찍었지만 역시 이상이 없다는 말에 다시 자대로 돌아갔고, 나는 또 거짓말을 한 '양치기 군인'이 되어버렸다. 결국 전역하기 직전, X-레이도 CT도 아닌, 저자가 처음부터 계속 부탁했던 MRI를 찍게 되었고 무릎 연골 파열이라는 진단이 나왔다. 당연한 결과였다. 군 생활 내내 아팠으니 말이다.

그리고 그때 군의관은 조금 찢어진 경우라면 연골을 봉합했을 텐데, 너무 많이 찢어져 연골을 도려내야 한다고 했다. 돌이켜 보면 군 병원이 아닌 일반 병원에 갔어야 했다.

이런 상황으로 나는 대한민국 보훈처로부터 보훈 보상 대상자 적격 판정을 받았다. 그러나 신체 상태로는 등급을 내줄 수 없다는 의견도 받았다. 한마디로 국가 때문에 다치긴 했으나 등급은 못 주겠다는 것이다. 그 때문에 나는 그렇게 좋아하는 운동을 제대로 즐기지 못했고 여전히 못하고 있다. 나는 혼자 여의도에서 부산을 자전거 타고 간 적이 있고, 한라산 정상도 2시간 이내로 돌파하는 등 운동이나 액티비티에 적극적이었다. 그 후로 몇 번의 수술을 거쳤고, 이제 뛰는 것은 상상도 못할 정도로 몸이 망가졌다.

이게 다 내가 미련했기 때문이다. 바보보다 더 미련한 삶을 살아왔고, 지금 돌아간다면 빚이 있더라도 그렇게 살진 못할 것이다. 운동 후에 허기지는 것이 아까워 운동을 하지 못했다는 이야기를 들으면, 얼마나 그 사람이 미련해 보일까? 그 미련한 사람이 바로 나다. '나는 저 정도는 아니지'라고 생각할 독자가 많을 것이다.

하지만 난 비단 배고픔을 참지 말라는 1차원적 이야기를 하려는 것이 아니다. 단순히 몸을 혹사하지 않고, 건강 기능 식품을 챙겨 먹고 운동을 하는 것도 분명 자기 자신을 아끼는 일이지만, 정말 자기 자신을 아낀다는 것은 자신이 하고 싶은 걸 그대로 실행해나가는 것이다.

나 스스로 멋진 사람이라고 생각하고 살아보자. 내일부터, 아니 오늘부터 당장 어떠한 변화가 있는지 느껴보고 놀라지 마라. 본인이 생각하는 대로, 원하는 대로 되어갈 것이다. 그렇게 멋진 사람이라고 생각하다 보면, 진짜 그런 사람이 되어 있을 것이다.

속는 셈 치고 실천해봐라.
너 자신에게 가장 잘해야 한다.
너의 최대 고객은 바로 너 자신이다.
너가 만족스러운 삶을 살아야 결국 너 자신에게 최대 이득이다.
너 자신을 최우선으로 두고 잘해줘라.
나중에 나처럼 후회하지 말고.

이재용 회장보다 당신이 더 불행하다

번화가를 걷다 보면 전단을 나눠주는 이들을 만나곤 한다. 발걸음을 재촉하면서 지나가면, 옆에 함께 걷던 지인이 전단을 받아서 잠시 후 정성스럽게 쓰레기통에 넣는다. 힘들게 전단을 배포하는 사람의 마음을 위한다고 받아서 대신 버려주는 것이다. 그 모습을 본 나는 혼란스러웠다.

전단은 광고다. 즉 고객을 모으는 홍보 수단이다. 가령 힘겹게 대출받아 치킨집을 오픈했고, 손님이 없어 가게 종업원의 월

급도 겨우 줄 수 있을 정도로 영세한 사람이 용기를 내고 베팅한 전략이 전단 배포일 수도 있다.

전단 배포 홍보에는 제작 비용뿐 아니라 당신이 안쓰럽게 생각하는 전단 배포하는 사람의 인건비도 포함된다. 오죽했으면 전단 광고를 할 생각을 했을까.

치킨집 사장보다 치킨집 전단 배포하는 사람이 더 잘사는 경우도 많다. 그럼에도 그런 애끓는 가게 사장의 마음은 안중에도 없고, 눈앞에 보이는 전단 배포하는 나이 지긋한 분이 힘들까 봐, 전단을 대신 받아 쓰레기통에 버리는 행위는 앞에 있는 것만 보고 뒤는 못 보는 행위다. 눈앞에 것이 아니라 그 뒤까지 넓게 생각하는 연습을 해야 한다.

우스갯소리로 폐지를 버리는 분이 벤츠 타고 집에 간다는 소리가 있지 않은가. 제발 당신 걱정부터 해라. 시급한 건 당신이지, 절대 주변인이 아니다. 타인을 동정할 바에야 지금 당신 자신을 동정하고, 동정에서 벗어나기 위해 열심히 뛰어라.

국내 굴지의 대기업 회장이 징역을 살거나, 국내외 정치에 휘말려 그룹 시가총액이 감소하기라도 하면 국민 절반은 놀랍게도 안쓰러워한다. 걱정하지 마라. 그들은 약간의 돈으로도 수많은 임직원의 하늘이 될 수 있다.

정말 걱정할 사람은 재벌이 아닌 바로 당신이다.

싸움은 역시 '짱'이랑 해야 제맛

학교 다닐 때 싸움을 가장 잘하는 친구를 우리는 흔히 '짱'이라고 불렀다. 나의 학창 시절은 어땠을까? 몸이 왜소하고 늘 힘이 없어 싸움에는 소질이 없었지만, 나를 건드리는 아이들에게는 늘 대들었다.

배우 마동석처럼 덩치가 산만 하고 싸움을 잘하는 이들에게는 못 대들었을까 생각한다면 오산이다. 나의 주된 싸움 상대(싸움 상대라 부르고 내가 일방적으로 싸움에서 지는)는 흔히 말하는 노는 무리거나 힘이 세고 싸움을 잘하는 상대였다.

체급이 비슷한 친구는 시비도 걸어오지 않을뿐더러 대부분 싸움을 피했다. 그래서 자연스레 어렸을 때부터 힘 있고 싸움 잘하는 아이들하고만 싸웠다. 당연한 결과지만 열 번 싸워 아홉 번 졌다. 그 열 번 중 한 번도 우연하게 이기거나, 내가 상대를 때렸을 때 주변 아이들이 만류해서 나만 운 좋게 때리고 멈춰버린 상황이었다.

화가 나면 싸움 짱에게도 먼저 주먹을 날렸다. 이기겠다, 지겠다는 계산 없이 덤볐다. 질 것을 알고 있었지만, 그래도 덤볐다. 그렇게 한 대라도 때리면 위안이 되었다.

대부분 자신이 더 많이 맞을 것을 생각하기 때문에 덤비지 못하지만, 그렇게 보낸 어린 시절의 행동 양식이 성인이 되어서도 남아 있다.

인간보다 덩치가 몇 배 크고 힘도 몇 배 센 코끼리를 어렸을 때부터 묶어놓으면 무기력해진다고 하지 않던가. 결국 삶의 사고 프로세스를 어떻게 운용하느냐에 따라 당신의 삶이 결정된다.

맞더라도, 지더라도 싸움을 피하지 마라. 물론 이 글을 읽는 독자가 본인이 힘이 세다고 해서 약한 사람들을 때리고 다니란 이야기가 아니라는 것은 잘 알 것이다. 본인이 강한데 약자를 건드리는 것은 도움이 되지 않는다. 하지만 본인이 약한데도 강자에게 덤볐다가 맞았다면 분명 도움이 될 것이다.

어떤 이들은 "17 대 1로 싸웠다가 반불구가 되면 어쩝니까?"라고 극단적인 이야기를 할지 모르겠다. 맞다. 맞더라도 죽지 않을 정도로만 맞아가며 싸우라는 이야기다. 최소한 이 싸움에서 지더라도 남는 것이 있어야 한다.

당신이 힘이 약한데도 싸움 짱에게 덤빈다면 분명 질 것이다. 하지만 계속 덤빈다면 주변 사람들이 당신에게 더 이상 시비를 걸지 않을 가능성이 높다.

몇 번 싸움을 하다 보면 안 건드리기는커녕 또다시 당신을 건드릴 수도 있다. 그럼에도 당신은 싸워야 한다. 당신이 포기하고 실패하는 순간 당신의 잠재된 도전 DNA가 꺾일 수 있기에 크게 피해를 보지 않는 선에서 싸워라. 이왕이면 덩치 큰 사람과 싸워라. 그게 기업이어도 상관없다.

알 만한 주위 사람들은 알 것이다. 얼마 전 나는 큰 기업과 한바탕 싸움을 했다. 기사도 익명으로 몇 번 나갔다. 업계에 큰 센세이션이었다. 자세히 이야기할 수 없지만 업계에서는 꽤 유명한 일화다. 우리 회사보다 몇백 배 더 큰 기업과 전쟁 아닌 전쟁을 선포하고, 언론 등에도 관련 내용을 제보하는 등 누가 봐도 우리 회사와 대형 증권사가 싸웠으니 말이다.

첫 번째 비밀 '늘 내가 옳다'에서 작은 일부터 차근차근 하는 사람이 있고, 큰일을 하다가 깨져도 작은 조각이 남기에 큰일부터 하라는 사람이 있는데, 누가 맞을까 하는 이야기를 한 적이 있다. 여기선 큰일부터 하는 사람이 맞다. 얻어맞는다 하더라도 당신의 체급을 높이는 것이 좋다.

이는 비단 육체적 싸움과 경제적 싸움이 아닌 정치에서도 많이 활용하는 전략이다. 지역구에서 흔히 유력 대권 후보나 유력 정치인이 출마하면, 반대편에서는 당선 가능성이 희박한 후보를 출마시킨다. 어차피 당선은 못하겠지만, 유력하고 인기 있는 정치인의 급을 낮춰 향후 행보의 격을 낮추는 효과를 노리는 것이다.

나는 여기에서 애초에 당선될 가능성 없는 후보가 당선 가능성이 매우 높은 후보를 이기고 당선되는 기적의 전략을 짜길 좋아한다. 그것이 내가 살아온 방식이자, 바로 이 책의 주제인 언더독 멘탈 트레이닝이다.

명심해라. 만만한 사람이 될 바에는 차라리 버릇이 없더라도 당당한 사람이 되는 것이 나을 수도 있다. 혹시 시비가 붙거나 맞을까 봐 겁이 날 수도 있다. 좋다. 나 역시 격투기를 배운 것도 아니고, 싸움을 그리 잘한다고 할 수 없으니 덩치 큰 사람과 긴장 상태에 놓이는 것이 마냥 편하진 않다. 그럴 땐 이렇게 생각한다.

'차라리 날 때려라, 합의는 최대한 미루면서 돈이나 왕창 뜯어내야지. 아니면 전과 생기게 하지 뭐. 비록 한 대 맞았지만, 결국 너는 큰 손해를 보는 거야!'

어렸을 때 게임을 하면서 게임위저드나 에디트라는 프로그램으로 Level 1을 Level 99로 올리며 마치 내가 신이 된 양 주어진 환경과 장애물을 모두 무용지물로 만들며 게임을 한 적이 있다. 그땐 마치 내가 조물주이고 창조주인 듯 재미있었는데, 시간이 지나고 나니 그건 시간 낭비로 여길 행동이었다.

인생도 마찬가지다. 본인이 잘할 수 있고, 컨트롤할 수 있는 인생에서 과연 재미를 찾을 수 있을까? 게임에서 치트를 쓴다는 것은 그저 머릿속으로만 상상하며 세상을 살아가는 것과 같다.

당신이 그동안 잘할 수 있는 것들만 걸어온 길이라면, 이제 조금 더 상위 게임을 해보자. 치트 키를 쓰듯 답이 정해져 있는 길만 걷는 것은 단기적으로 당신을 기쁘게 해줄 수 있겠지만, 여러 외부 환경이나 상황이 실제로 닥쳤을 때, 당신의 능력을 무력하게 만들 뿐이다.

언제까지 1단계에 머물 것인가? 2단계로 넘어가보자.

3

자, 이제 촬영을 시작하자

본격적인 촬영에 앞서, 당신은 다시 한번 생각해봐야 한다. 당신은 왜 성공해야 할까? 이 책의 핵심적인 질문이다.

성공은 왜 해야 하는가? 잘 먹고 잘 살려고?

맞다. 하지만 조금 더 구체적인 당신만의 이유가 필요하다. '왜'가 중요하다. 잘살고 싶어서, 편안하게 살고 싶어서, 남부럽지 않게 살고 싶어서. 이런 이유도 분명 동기가 되지만, '당신만의' 이유가 필요하다. 모두가 공유하는 생각만으로는 동기가 제대로 부여되지 않을 것이다. 누구나 갖고 있는 목표 의식은 모두가 같은 선상에 놓여 있다는 안일한 안도감을 준다. 행동을 나중으로 미루게 만드는 함정도 있다. 그래서 당신만의 동기가 필요하다.

다이어트를 예로 들면 '살을 빼면 좋다' '살을 빼면 건강해진다'처럼 모두가 이야기하는 목표가 아니라, 사이즈가 맞지 않아 입지 못한 특정한 옷을 생각하며 운동을 한다든지, 잘 보이고 싶은 이성이나 타인을 떠올리며 운동을 하는 것이다. 이는 다른 사람에게 적용되지 않는 당신만의 목표다. 아직 그런 목표가 없다면, 우선 그것부터 만들자.

나에게 동기를 부여한 것은 심한 열등감과 가난이었다. 워낙 어렵게 살았기에 나는 큰 부자는 아니더라도 최소한 다른 사람에게 손 벌리지 않고 끼니를 걱정하지 않는 삶을 원했다. 거기에 편히 지낼 수 있는 방 한 칸이 최소한의 목표였다. 사람들에게 짠돌이라 불리더라도 타인에게 피해 끼치지 않는 삶, 그리고 내 몸 하나 눕힐 수 있는 방 한 칸이 절실했다.

나는 그 목표를 이뤘다. 지금 머무는 곳은 방 한 칸짜리 오피스텔이다. 부자라면서 왜 한 칸짜리 방에 살까 의아해할 수 있겠다. 내게 집이란 단순히 잠을 자는 공간일 뿐이다. 직장과 바깥 생활에 지쳐 집에 오면 자기 바쁘다. 방이 많으면 청소하기 어려워서 싫고, 미니멀리즘을 선호하는 성향 때문에 작은 집이 좋다.

남들은 내가 '성공을 이뤘다, 부자가 되었다'며 부러워하지만, 나는 혹시 내가 사치를 해서 나락에 떨어질까 봐 조심하며 예전의 가난을 상기하곤 한다. 타인이 가지 않는 성공의 길을 걷기로 한 것도 언제 어떻게 위험이 닥칠지도 모르고, 언제 직장을 잃을지, 생활비는 어떻게 해야 할지 수많은 고민거리를 해결하기 위해서다. 그런 위기 의식이 나를 퀀텀 점프를 하기로 마음먹게 한 것이다.

퀀텀 점프란 연속적으로 조금씩 발전하는 게 아니라 단번에 다음 단계로 뛰어오르는 것을 말한다. 10%에서 20%로 가는 것은 매우 힘들다. 무려 2배 차이이기 때문이다. 그러나 10%에서 100%로 가는 것은 경우는 희박하지만 더 쉬울 수 있다. 10%에서 20%로 가려면 하던 일을 열심히 해야 하지만, 10%에서 100%로 가려면 아예 새로운 혁신의 길로 가면 되기 때문이다.

그 길을 어떻게 가냐고? 다음 비밀 편으로 이어가자.

네 번째 비밀: 골을 넣으려면 슛을 여러 번 날려봐야 한다

내가 좋아하는 리쌍LeeSSang의 대표곡 〈Rush〉(Feat. 정인)에는 이런 가사가 나온다. '어차피 행복이란 건 수많은 NG 끝에 얻는 한 컷'.

가끔 이리저리 치이고 지칠 때, 이 가사를 들으려고 이 곡을 듣는다. 수많은 NG 끝에 결국 난 행복을 찾을 것이기에, 지금의 고난은 단순히 촬영 중에 나는 NG에 지나지 않다고 스스로 다짐한다.

힙합을 좋아하는 저자는 힙합 가사에서 많은 위로를 받곤 하는데, 드렁큰 타이거가 래핑하고 바비킴이 피처링한 〈Liquor Shots(술병에 숟가락)〉란 곡에도 '삶이란 NG 아니 끝없는 NG 괜히 말없이 돌아보며 웃게 되겠지'라는 가사가 나온다.

넘어지는 것에 너무 불안해하지 말자.
넘어졌을 때 일어나지 못하는 것을 두려워해야 한다.
애초에 무언가 풍족한 것도 없었고 가진 것도 없었기에 그만큼 잃을 것도 없었다.
그렇기 때문에 많은 도전과 경험을 할 수 있었다.
그것이 나의 최대 무기라고 생각했다.
타인은 주저할 만할 것들을 나는 도전하는 것.

앞서 이야기한 것처럼 나는 어린 시절부터 다양한 일을 경험했다. 주요 포털사이트에 내 이름 '이경준'을 검색해보면, 상장사 스팩SPAC의 대표이사부터 신기술조합의 대표 펀드매니저, 전문 앤젤 투자자, 자산 운용사, 투자자문사, 증권사 등 다양한 커리어 직함이 나오는 걸 볼 수 있다. 너무 많아서 생략한 것들로는 증권부 기자, 연예 기획사, 자동차 정비, 배달, PC방, 노래방, 바이럴마케터, 바이오 회사 기획, 창업 컨설턴트, 부동산 중개 보조, 커플 매니저 등이 있다.

오직 한길만 걸어온 실력자였으면 좋겠지만, 안타깝게 난 그러지 못했다. 호기심이 많았고, 쉽게 지루해하고, 지금 하고 있는 일이 크게 성공하지 못할 것이라는 느낌을 받으면 당장 그만두었다.

당신도 나와 비슷하다면 분명히 주위 사람들에게 진득하지 못하다는 핀잔과 함께 '한 우물만 파라'는 잔소리를 자주 들었을 것이다. 나도 그런 간섭에 꽤 스트레스를 받았지만, 그렇다고 해서 타인의 기대대로 살 수는 없다. 자신이 행복할 수 없는 삶은 아무 가치도 없으니까.

당신이 하고 싶은 일을 찾기 위해 최선을 다해보라. 다양한 직업을 경험하는 것은 삶에 도움이 된다. 나는 기자를 만날 때도 그들의 용어로 이야기할 수 있고, 연예 기획사 직원을 만나 사업 모델이나 수익 배분에 대해 논하면서 그들을 이해시킬 수도 있다. 이사를 할 때는 내가 부동산 중개 보조를 했다는 것만으로 도움이 되기도 한다.

청소년들이 날 따라서 공부 대신 일부터 시작하기를 원하는 건 절대 아니다. 내가 만약 청소년기로 돌아간다면 투자나 사업보다 무조건 공부를 더 하고 싶다. 한국에서는 학력이 영원한 꼬리표로 작용하기 때문이다.

나는 많은 이력만큼이나 여러 방면의 지식을 쌓고 싶어 했다. 그래서 대학교에서 세 가지를 전공했다. 주전공은 컴퓨터학과, 복수 전공은 경영학과였으며 부전공은 상담학과였다.

어린 시절 나는 컴퓨터 게임에 빠져 있었다. 처음 접한 컴퓨터는 XT, AT 등 286 컴퓨터였다. 예전에는 컴퓨터를 다루는 사람이 많지 않았는데, 어릴 적 흑백 모니터의 컴퓨터부터 접했던 나는 자연스럽게 컴퓨터에 익숙해져, 컴퓨터학과에 진학하기까지 했다. 실제로 정보 올림피아드 대회에 학교 대표로 출전할 정도로 실력이 있었다. 10대 시절 공부를 잘하진 못했지만, 상대적으로 학구열이 높지 않은 학교로 진학했던 터에 성적은 전교 1등이었고 반장까지 했다.

대학 입시에서는 인 서울 4년제 대학교에 가지 않는다면 공부 대신 취업을 택해야겠다는 생각으로 수시 모집에만 응시해 합격했다.

아이러니하게도 당시 빠져 있던 게임 덕분에 대학교에 갈 수 있었다. 학교 성적과 반장 경험도 도움이 됐겠지만, 컴퓨터학과에 진학한 것은 100% 게임 덕분이었다고 할 수 있다.

그렇게 내가 가장 잘 컴퓨터를 다룬다는 착각에 빠졌다가 군대에 다녀왔더니, 불과 3년 새 IT 환경이 완전히 달라져 있었고, 실력 있는 후배들이 많이 입학한 데다 난 자연스레 IT에 대한 흥미가 떨어졌다.

그래서 복수 전공으로 경영학을 선택했다. 졸업한 후 사업다운 사업을 하고 싶다는 바람이 있었기 때문이다. 어느 대학이건 마찬가지로 경영학과엔 복수 전공 신청인이 참 많았다. 단지 취업 때문이 아니더라도 경영학은 살아가는 데 참 많이 도움이 된다.

부전공으로는 상담학과를 선택했는데, 내가 심리학을 좋아하고 상담해주기를 좋아했기 때문이다. 여러 경험을 쌓고, 다른 사람의 이야기를 잘 들어주다 보니 내게 상담을 부탁하는 사람이 많았다. 한 사람과 5~6시간, 아니 10시간까지 통화한 적도 있었다.

세 가지나 전공하다 보니 졸업한 후 취업이 상대적으로 쉬웠다. 업무 때 필요한 IT, 모든 업무에 응용할 수 있는 경영학, 사람들을 대할 때 도움이 되는 상담학까지. 자기소개서에 쓸 이야기도 많았다.

나는 현재 자격증을 17개 가지고 있다. 금융 분야의 투자자산운용사, 파생상품투자상담사, 펀드투자상담사, 증권투자상담사 등과 IT 분야의 정보처리기능사, 워드프로세서 1급, MOS, 그 외에 유통관리사 2급, 자동차정비기능사, 1종 운전면허증과 심리상담사 1급까지 각종 국가 자격증을 취득했다.

그뿐만 아니라 학창 시절 반장, 대학 시절 과 대표, 홍보대사, 총학생회장까지 해본 경력이 있다. 3개의 전공, 17개의 자격증, 다양한 경험으로 취업 시장에 어필하기에 충분했다.

물론 다양한 방면으로 더 좋은 경력을 쌓아갈 수 있는 방법은 많다. 다만 나는 나만의 방법으로 경력을 쌓아왔다. 다양한 활동을 해왔다 보니 어쩌면 깊이가 얕다고도 할 수 있지만, 내가 원하는 결과를 얻는 데는 문제가 없었다.

그저 취업을 위해 다양한 경험과 도전을 하라는 이야기가 아니다. 호기심에서라도 해본 이런저런 일이 어느새 하나로 모여 인생에 도움을 주었다는 이야기를 하는 것이다. 그리고 그 경험들이 내 인생을 대변하게 되었다.

지금 하고 있는 IPO 투자도 같은 맥락이다. 공부를 아주 열심히 해서 대기업이나 공기업에 간 것도 아니었고, 집에 돈이 많았던 것도 아니었고, 워런 버핏처럼 투자의 귀재도 아니었던 내게 지금의 부를 가져다준 것은 내가 쌓아온 경험 덕분이다. 장내 주식과는 달리 여러 가지를 종합적으로 판단해야 하는 IPO 투자 방식이 내 성격에 맞았기 때문이다.

졸업을 앞둔 시점에 들어간 첫 회사는 SOC컨설팅펌이었다. 그 이후 IR, 증권사를 모두 거쳤지만 내 성격상 맞았던 것은 나에게 재량권이 있으며 자발적으로 노력할 수 있게 만드는 일이었다.

사업도 마찬가지다. 증권사 IB 분야 출신이라는 점 때문에 IB 영역과 관계가 있는 IPO 투자 펀드매니저로 이직할 수 있는 기회를 잡았다. 일반적으로 증권사 IB와 펀드매니저가 되려면 학벌 혹은 회계사 타이틀이 중요했지만, 나는 아니었다. 어린 시절 많은 돈을 잃은 경험과 다채로운 아르바이트 경험, 그리고 3개의 전공과 17개의 자격증, 다양한 사회 활동 덕분이다.

이것들 자체가 스펙이 아닌가 하는 생각이 들 수 있겠지만, 3개 학과에서 수업을 들었다는 것이지, 공부를 잘했다는 것이 절대 아니다.

자격증 역시 내가 관심 있는 분야에서 조금 더 공부해서 취득할 수 있는 쉬운 것들 위주로 취득했지만, 명함에 새겨 놓을 정도의 큰 임팩트 있는 것은 없다.

다만, 호기심이 많았던 내가 호기심으로 끝내지 않고 경험했고 도전해봤기 때문에 남은 것이라고 말하고 싶다. 잘해서 한 게 아니라 하고 싶어서 했더니 운 좋게 된 것이다. 그냥 순순히 하고 싶은 걸 했더니, 운 좋게 좋은 자리에 가게 된 것이었다.

이렇게 말하니 저자는 운이 좋았기 때문에 잘되었고, 그동안 운이 안 좋았던 여러분은 안 될 것이라 보는가? 당신의 생각이 맞다. 여러분은 절대 안 될 것이다. 애초에 시도할 생각 자체를 안 하니까. 아니, 시도할 생각은 하는데 행동으로 옮기지 않으니까.

시간이 많은 듯하지만, 돌이켜 보면 사실은 그리 많지 않다. 미혼이라 삶을 제대로 즐겨보지도 못한 저자는 벌써 40대가 되었다. 인생 참 짧다.

도전이 낯설고 두렵다면, 본인이 감당할 수 있을 만큼이라도 그냥 저질러보자. 하고 나서 후회할 수도 있겠지만 하지 않았을 때 후회는 더 오래간다. 그러니 일단 한번 해봐라.

꿈만 꾸며 미루기만 하는 것은 정말 인생을 낭비하는 것이다. 그런 낭비는 그만하자. 고 정주영 현대그룹 명예회장은 "해봤어?"라는 말로 대한민국 국민의 가슴을 심쿵하게 만들었다.

죽기 전에 가장 많이 하는 후회 가운데 하나가 '내가 원하는 삶을 살지 못했다'는 것이라고 한다. 다른 사람들의 기대에 맞춰 살고, 하고 싶은 일에 도전하지도 못하고 평생을 보낸 것을 가장 후회한다는 것이다.

흔히 '살아간다'라고 하지만, 실은 하루씩 죽음을 향해 간다고 볼 수 있다. 언제까지 미룰 것인가? 이제는 시작할 때가 되지 않았는가? 어차피 죽어간다고 생각하면 두려울 게 뭐가 있으랴.

개봉한 음식은 쉽게 부패하지 않던가? 가만히 놔두면 더 빠른 속도로 부패한다. 이리저리 움직여야 한다. 귤 상자에 들어 있는 귤에 곰팡이가 끼지 않도록 이따금 이리저리 흔드는 것과 같이, 지금부터라도 당신의 삶에 곰팡이가 끼지 않고, 더 이상 후회하면서 살고 싶지 않다면, 지금 당장 뭘 해야 할지 생각해보는 것이 중요하다.

기억하자. 실수는 실패가 아니다. 넘어질 때마다 빈손으로 일어나지 않는다면 남는 장사다. 실패하지 않는 법이 아니라, 실패를 다루는 법이 더 중요하다.

내 삶을 어떻게 투자해야 할까?

솔직하게 묻자. 당신은 정말 당신의 삶이 잘되길 바라는가? 그게 정녕 사실인데, 지금까지의 삶이 만족스럽지 않다면 이제부터라도 만족스러운 삶을 살아보는 건 어떨까?

당신의 삶을 더 아긴다면 이젠 겉치장은 그만해도 된다. 어떤 책에서는 '보이는 것이 전부일 수도 있다'고 강조하면서 '잘 갖춰 입어라'라고 이야기하는데, 그게 명품 옷을 걸치라는 뜻은 아니다. 그저 깔끔하게 입으라는 정도일 것이다.

당신은 10년 전 자신의 옷차림을 생생하게 기억하는가? 당시 당신은 브랜드가 아닌 옷을 부끄러워했을 수도 있고, 남들이 가진 멋진 아이템을 꼭 갖추고 싶어 했을 수도 있다.

그러나 나이가 들면 그런 브랜드 의류가 없어서가 아니라 당신이 살고자 했던 삶을 살지 못한 것이 부끄러울 날을 반드시 맞이한다.

선물을 예로 들어보자. 포장지는 선물 받는 사람을 잠시 설레게 하지만, 어차피 껍데기에 지나지 않는다. 결국엔 버려지고 내용물만 남는다. 포장지는 그 자체만으로서는 의미가 없고, 내용물이 알차야 시너지를 낸다. 겉만 번지르르하고 안에 든 게 별로라면 오히려 포장지는 불편함을 준다.

반면, 포장지가 약간 싸구려라도 안에 든 선물이 가치 있는 것이라면 받는 사람의 만족이 더 커질 수 있다. 중요한 것은 외형이 아니라 콘텐츠다.

우리는 외형보다 내면을 가꿔야 한다. 당신이 원하던 사람을 실망시키지 않으려면 말이다. 그것이 이성이 될 수도 있고, 비즈니스 대상일 수도 있다.

그러나 사람들은 보통 부자가 되게 해줄 만한 행동은 하지 않고, 부자처럼 보이는 데만 집중한다. 특히 외모는 경제학적인 면에서 보면 유형자산으로 구분할 수 있다. 유형자산은 당장에 손에 잡히겠지만, 시간이 지날수록 감가상각이 일어나서 가치가 하락할 수밖에 없다. 유지비용도 적잖게 들어가지만, 결국 가치는 제로에 수렴할 수밖에 없다.

하지만 마음가짐, 정신 상태, 능력은 무형자산에 속한다. 시간이 지날수록 그 가치는 점점 더 빛을 발할 수 있고, 유지 비용도 들지 않는다. 여러분은 지금 매년 유지 비용을 들여가면서 결국 가치가 제로에 수렴될 외모에 투자할 것인가, 아니면 유지 비용도 없고, 매년 복리의 가치로 늘어날 무형자산에 투자할 것인가? 선택은 당신의 몫이다.

일부 수시 모집을 제외하고는 대부분 수능 점수만으로 대학에 들어가곤 한다. 학교에서는 높은 학점을 따고, 여러 스펙을 쌓아야 한다. 그렇게 들어간 학교가 마음에 들지 않는다면, 재수에 도전하거나 편입해야 한다.

직장에 취업하는 것도 대학에 입학하는 것과 별반 다르지 않다. 이미 정해진 수능 점수, 형성된 학벌과 스펙을 단시간에 바꿀 도리가 없다. 그것을 한탄하며 남은 생을 살 것인가? 그러고 싶지 않다면 우선 지금 내 상황에서 변화시킬 수 있는 것을 찾아 실천해야 한다.

공부를 많이 하면 보이는 것이 많아진다. 그러니 당연히 기회도 많이 주어진다. 일도 마찬가지다. 일을 많이 알고 잘하는 사람들에게 많은 기회가 주어진다. 지금 당신의 스펙을 어찌할 수 없다고 판단한다면, 직장에서만큼은 모범생이 되어야 한다. 사람과의 관계도 물론 중요하지만, 우선은 업무를 파악하는 게 더 중요하다. '이 업무야말로 나 아니면 못한다'는 마음으로, 내가 마스터라는 생각으로 익혀보자. 당신만이 가지고 있는 무기가 확실할수록 당신의 몸값이 올라갈 수밖에 없다.

회사가 마음에 들지 않으면 않을수록 더 열심히 해야 한다. 마음에 들지 않는 회사에서 빨리 탈출하려면 일을 더 열심히 해서 더 좋은 기회를 잡고, 몸값을 올려 얼른 좋은 곳으로 떠나야 한다. 그러니 회사나 업무가 마음에 들지 않는다고 한탄하지 마라. 그 회사에 제 발로 찾아가서 뽑아달라고 한 것도 당신이고, 다른 회사에 못 간 것도 당신의 책임이다. 좌절하는 대신 탈출 전략을 짜는 것이 더 현명한 방법이다.

여기서 중요한 것은 이것이다. 똑같은 실력으로 단순히 탈출만 한다면 그곳 역시도 지옥일 것이라는 것이다. 그렇게 계속 좋은 보금자리를 위해 탈출만 시도할 수는 없다. 몸값을 올려서 탈출하고, 새로운 직장에서 더 좋은 기회를 잡으려면 실력을 키워야 한다. 실력은 그대로인데, 직장이 좋아지고 연봉이 올라간다는 것은 결국 요행을 바란다는 것이 아닌가? 한 두번은 성공할 수도 있겠지만, 결국 다 탄로난다.

당신이 삶을 바꾸지 못하면, 결국 삶이 당신을 바꾸게 될 것이다. 물론 당신이 바라던 대로 말이다. '내가 바라는 대로라고?' 그렇다. 당신은 그냥 되는대로 살기 바라서 삶이 당신을 방치할 수 있게 허용한 것 아닌가?

잘 생각해보자. 이런저런 핑계 때문에 하지 못한 것이 아닐 수도 있다. 어떻게 해서든 안일하게 살고 싶은 의지가 담겨 있을 수도 있다. 도전은 힘들고, 현재 누리는 이 안정감에서 벗어나려면 리스크를 감수해야 하니까 말이다. 결국 의지 차이다.

좀 더 정확하게 표현하면, '의지를 포기하지 않고 꾸준히 해나갈 의지가 있는가?'가 핵심이다. 영화처럼 몸짱인 사람이 몸꽝인 다른 사람으로 태어났다고 하면, 그 사람은 힘겹게 운동해서라도 본인이 원하는 몸으로 만들 것이다. 어떻게 해서든!

R&D에 투자하자

기업에서 R&D(연구 개발)에 쓰인 비용을 회계 처리할 때, '연구 개발 비용'으로 처리하거나 혹은 '무형자산'으로 평가하기도 한다(물론 수익이 나기 시작하면 비용으로 처리하기도 한다).

경험은 연구 개발 비용에 속한다. 이것을 단순히 비용으로 인식할 것인지, 아니면 자산으로 인식할 것인지 선택할 수 있다. 자산으로 여기든 비용으로 여기든 사실 인식의 차이일 뿐이다. 비용으로 한다고 해서 현금이 버려지거나 자산으로 한다고 해서 현금이 생기는 것이 아니다. 선택은 당신이 할 수 있다.

나는 경험을 대부분 자산으로 인식해왔다. R&D 비용이라 부르는 수많은 경험이 인생의 소중한 자산이 되었다. 즉 무형자산이다. 내가 사업적으로나 투자적으로 순항할 수 있었던 이유는 순전히 경험 덕분이라고 볼 수도 있겠다.

앞서 이야기한 바와 같이 어린 시절 오토바이를 매매하다가 사기당하기도 하고, 음성 도메인 사업인 줄 알았더니 단순히 소프트웨어로 하는 장난에 불과해서 10대 시절 번 돈을 모두 잃은 후부터 나는 사업을 검토할 때 긍정적인 점보다는 부정적인 리스크 찾기에 더 열을 올리게 되었고, 덕분에 사업적으로 웬만한 장애물을 피할 수 있게 되었다.

투자에서도 나처럼 무능한 사람이 없다고 느낄 정도로 어려움을 겪었다. 어떻게 손대는 종목마다 상장폐지를 당할 수 있나 싶었다. 그러다 보니 자연스레 감을 익히기도 하고, 큰돈을 벌 수 있다는 유혹을 느끼더라도 우선 조심하게 되었다. 따라가는 매매보다는 진득하게 하는 매매로 성공한 이유가 모두 이렇게 예전에 했던 경험을 발판 삼아 나 스스로를 업그레이드했기 때문이다.

이런 경험이 없다면, 과연 내가 지금 같은 부를 이룰 수 있었을까? 아니 부를 이뤘다고 쳐도, 함정에 걸리지 않고 계속 순항할 수 있었을까?

내가 어린 시절 겪은 수많은 실험을 통해 미리 실패와 실수를 경험해봤기 때문에 현재 실수를 줄일 수 있게 된 것이다. 얼마나 다행인가. 어린 시절의 실패와 실수나 지금의 실패와 실수는 같은 값일 수 없다. 예전의 실패와 실수는 경험이기에 R&D 비용이지만, 지금의 실패와 실수는 사업 전체에 리스크를 줄 수도 있기 때문이다.

길도 마찬가지 아닌가? 처음에는 길을 잘못 들어서면 다시 뒤로 왔다가 찾을 수 있지만, 중간까지 왔다면 다시 나가기도 애매하고, 그렇다고 잘못된 길을 계속 가기에도 부담스럽다. 어린 시절, 성공한 경험만 있었다면, 난 분명 지금쯤, 아니 지금의 부를 이루기 전에 넘어졌을 것이다. 미리 넘어져봐서 참 다행이라 생각한다.

내 회사는 투자 일임사와 투자 자문사를 거쳐 자산 운용사로 한 단계 한 단계 도약했다. 물론 첫해부터 흑자를 내고 타사보다 월등히 빠른 속도로 성장했기에 자만에 취해 빠르게 사업을 확장할 수도 있었겠지만, 사업이란 잘될수록 돌다리를 두들기며 가야 한다는 것을 미리 습득했기에 안전 운행이 가능했다.

흔히 '혁신'이라고 하면 묻지도 따지지도 말고 빠르게 행동하는 것을 의미한다고 생각하지만, 남들과 다르게 조심하는 것 역시 혁신일 수 있다. 혁신이란 자기 줏대다.

여전히 당신은 원샷 원킬을 원하는가? 한 번에 성공하기를 바라는가? 망상은 이제 접어두자. 경험이란 시간이 지나면 자연스레 다 겪는 거 아니냐고 물을 수도 있겠다. 하지만 연애도 결혼도 젊은 사람들에게 더 많은 기회가 오지 않던가?

어리면 이런저런 경험을 하기에 참 유리하다. 나 역시 연예기획사, 언론, 바이오 등 다양한 직무에서 일할 수 있었다. 젊으니까 가능했던 일이다. 시간이 지나면서 얻는 기회는 누구나 얻을 수 있는 기회다. 당신이라서 오는 기회가 아니라 누구나 순리에 따라 잡을 수 있는 기회다. 더 많은 기회를 잡으려면 더 많은 기회를 잡을 덫을 여기저기 놓아야 한다. 그 덫을 놓는 것이 당신의 경험이다.

경험을 해봐야 어디에 덫을 놓아 기회를 잡을지 알 수 있기 때문이다. 누구에게나 제각기 알맞은 일이 있다. 같은 일에 같은 노력을 기울여도 더 돋보이는 사람이 있다. 당신에게 어떤 일이 알맞은지는 당신도 나도 당장 알 수 없다. 그렇기에 계속 시도해봐야 한다. 정상으로 오르는 길의 이정표는 처음에는 가려져 있다. 모두에게 주어지는 기회가 아니라 당신만 가질 수 있는 기회가 필요하다. 그 기회를 발견하고 잡기 위해선 노련함, 경험치가 반드시 필요하다. 하다못해 운전도 많이 해야 늘지 않는가?

커리어에서만 아니라 인생에는 매우 다양한 이벤트가 있다. 때로는 그런 것들을 극복해가는 과정이 인생을 지루하지 않게 하고 버티도록 해주는 촉매제가 될 수 있다. 그걸 단순히 골칫거리라고 생각하지 말고, 신이 내려주는 미션이라고 여겨보자. 그 미션이 주어졌을 때 처음에는 당황하고 힘이 빠질 수 있겠지만, 끝끝내 포기하지 않고 과제를 풀어가는 과정이 때때로 즐거움을 주고 나를 성장시키기도 한다.

나 역시 예전에는 이런 이벤트가 발생하면 '왜 꼭 나에게만 이런 일이 벌어지나' 하고 짜증을 내기 일쑤였지만, 차차 생각을 바꿔나갔다. 그러다 보니 물질적 유형자산이 없는 나에게 낙담하지 말고, 무형자산이라도 많이 축적할 기회를 주는 것만 같았다. 이젠 제법 설레고 흥미롭기까지 하다. '이 난관을 어떻게 헤쳐나가서 극복하면 어떤 경험을 얻을 수 있을까?' 하고 상상까지 하면서 말이다. 예전에는 불행하다고 느낀 내 삶이 이제는 다이

내밀한 삶으로 느껴진다.

영화를 볼 때도 처음부터 끝까지 밋밋한 스토리로만 진행된다면 얼마나 재미가 없을까? 길을 걷다 막히면 그 자리에 털썩 주저앉아 울거나 좌절하지 말고, 다시 헤맸던 곳으로 되돌아가 길을 찾아보자. 길을 잃어도 꾸준히 걷다 보면 당신의 꿈이라는 보금자리에 안착할 수 있다.

도착한 후에는 자신에게 "오느라 고생했다. 추운 몸 녹일 수 있게, 따뜻한 물 준비해 놓았으니 이젠 편히 쉬어라"라는 위로의 말을 해주고 싶을 것이다.

당신도 많은 경험을 통해 자산을 많이 쌓길 진심으로 바란다.

온라인에서 인상적인 글을 본 적이 있다. 거절이나 불합격에 관한 이메일을 받으면 모두 인쇄해서 '경험 폴더'에 꽂아놓는다는 것이었다. 그걸 무기력해질 때마다 들춰 보면서 자신이 얼마나 많은 시도를 해왔는지 기억한다고 말이다.

항상 이길 수는 없어도 항상 배울 수는 있기에 우린 더 많은 도전을 해야 한다. 주저앉아 마냥 시간을 흘려보낼 바에야 뭘 할지 생각해보자. 그러다가 문득 떠오른 아이디어 덕에 당신의 인생이 바뀔지 누가 알겠는가.

여기서 주의할 점이 있다. 경험을 쌓아 R&D에 투자하는 전략은 어디까지나 상황에 따라 다르다는 것이다.

예를 들어 여러 도전을 하는 것은 어떠한 목표가 갖추어지지 않았을 때 취해야 할 행동이지만, 당신이 어떠한 것을 이루고 있거나 이뤘다면 무모한 도전은 하지 않아도 된다. 오히려 피해야 할 수도 있다.

이미 무언가가 되었거나 되는 과정을 거치고 있는 시간과 아무것도 없는 시간의 값은 동일하지 않다. 당신은 변하지 않았으나, 당신의 가치가 변했으니 당신이 할 행동 양식도 그에 따라 바꾸어야 할 것이다. 시간이 없을 때 값싼 당신의 시간이 지금은 금덩어리가 되었으니 낭비하면 안 된다는 것이다.

당신이 어느 정도 위치에 도달하면, 이것저것 검토해달라는 요청을 받을 것이다. 딱 봐도 안 될 일이나 별 볼일 없을 것 같은 일에 예전같이 신경 쓸 시간이 없을 것이다. 그러니 시간을 낭비하다가 당신의 인생을 별 볼일 없게 만들지 말자.

할 줄 아는 것이 없으면 허들이나 넘자

당신만 부족한가? 나도 부족하다. 2017년 10월 15일, 내 다이어리에는 이런 문구가 적혀 있다.

"내가 얼마나 나약한지 깨닫는다면, 그만큼 더 강해질 수 있다."

우린 항상 이상을 좇지만, 커피 한잔, 맥주 한잔이 몸에 좋지 않다는 걸 알면서도 끊지 못하고 마시지 않는가? 우린 단순한 음료 한 잔에도 나약해질 수밖에 없다.

그 미미한 영향조차 이길 수 없는 우린 인간이기에, 항상 겸손해야 한다. 겸손이 미덕이라서 그렇다기보다는 자신이 나약하다는 사실을 깨닫는 순간 더 발전할 수 있는 동기를 부여할 수 있기 때문이다.

다이어리에 적힌 글은 아주 작은 것도 통제하지 못하는 내 나약함을 질책하는 동시에 파이팅을 전한다. 앞에서 소개했던 것처럼, 나 역시 가진 것 하나 없이 매우 나약한 사람이었다.

당신은 어떠한가? 자신이 할 줄 아는 것이 없다는 사실을 안다면 자기 객관화가 잘된 사람일 수 있다. 또 그 정도로 이치에 능하다면 다른 잘하는 일이 있는 것이 분명하다.

공포 영화 장면 하나만 보면 그게 그리 무섭지 않을 수 있다. 하지만 그 장면이 나오기 전까지 소리나 예측불허한 상황이 오히려 공포를 극대화한다. 당신의 지금 상황이 딱 이렇다. 막상 세상은 그리 위험하지 않은데, 당신이 스스로 불안을 극대화하는 것일 수도 있다. 그동안 남들과 똑같은 삶을 살았는데, 왜 뒤처진다고 생각하는가? 그것은 당신이 잘하는 무언가를 찾지 못해서이기 때문이다. 할 줄 아는 것이 무엇인지 모르니 찾으라는 이야기다. 반드시 찾아야 한다. 그래서 골을 여러 번 날려봐야 한다. 어떤 각도에서 골이 잘 들어가는지, 어떤 각도에서 넣는 데 실패하는지 시도를 해봐야 알지 상상 속에서 어떻게 알 수 있겠는가? 손흥민이 처음부터 손흥민이었겠는가?

그리고 한마디 덧붙이자면, 그동안 가난과 형편을 핑계 삼아 합리화해온 사람들은 이제 더 이상 가난이라는 방패에 숨지 않았으면 좋겠다. 가난을 핑계 삼는 데 익숙해지지 않았으면 한다.

가난을 낯설게 생각해야 한다. "왜 내가 아직도 가난하지?" 하고 스스로에게 물으며 정신을 차려야 한다. 가난하기 때문에 못 하는 것이 아니라, 가난하기 때문에 꼭 해야 하는 것이다.

당신의 인생 허들은 무엇인가? 당신도 나와 같이 가난하고 불행했다면 당신도 나와 같이 도전할 수 있을 것이다. 당신의 가난과 불행은 높은 허들이 아니다. 차이가 있다면, 난 그 허들을 넘었고, 당신은 이제 막 넘으려는 참이라는 것이다.

이때 허들은 하나가 아니라 2개다. 첫 번째 허들은 당신이 그 허들을 뛰어넘지 못하거나 뛰어넘다가 허들에 걸려 자빠질 것을 걱정하는 두려움이다.

두 번째 허들은 진짜 허들이다. 당신이 살면서 크고 작은 문제를 맞닥뜨렸을 것이다. 그때마다 다짐만 하는 것이 아니라 직접 뛰어넘으면 된다. 뛰어넘다가 자빠지면 다시 허들을 세우고 뛰면 된다. 한 번에 허들을 넘는 것은 쉽지 않은 일이다.

삶도 마찬가지다.

당신의 인생을 돌이켜보았을 때 특별한 것이 없다면 차라리 더 잘된 일이다. 그럴수록 앞으로 찾아올 당신의 하이라이트는 더 드라마틱할 것이고, 당신의 성공을 많은 이에게 감동을 선사할 수 있을 테니 말이다.

사점 이후부터 풀리는 인생

나는 승부욕이 강하다. 군대에서 무릎 수술을 받은 뒤로 거의 뛰지 못하다가, 이제는 뛰기만 해도 통증을 느껴 그 흔한 러닝 한 번 맘 편히 하지 못한다. 그럼에도 1년에 1~2회 정도 뛰지 않으면 몸이 매우 무겁고 힘들다. 마치 녹슨 상태라고 해야 할까.

몸이 너무 처지고 아플 때는 무릎 통증을 참으면서 여의도공원을 뛸 때가 있다. 여의도공원엔 수많은 사람이 밤낮없이 달린다. 뛰다 보면 내 앞으로 수많은 사람이 앞질러 간다. 승부욕이 강한 나로서는 당연히 그들을 앞지르고 싶은 마음이 든다. 하지만 그러지 않는다. 무리하다가는 결국 더 손해를 입는다는 사실을 삶 속에서 몸소 깨우쳤기 때문이다. 무형자산인 경험이 있었기에 어떤 것이 무리이고, 어떤 것이 도전인지 어느 정도 알게 되었다.

사람마다 처한 환경과 상황이 다르다. 남들이 할 수 있다면 나도 할 수 있다는 신념으로 사는 것이 맞다고 믿어온 나로서도 어쩔 수 없는 상황이 온다. 내가 내일 당장 올림픽에 나가 금메달리스트를 이길 수는 없다.

물론 이길 수도 있다. 금메달리스트가 약물복용으로 룰을 위반했거나, 크나큰 실수를 해서 실격당했을 경우다. 물론 이것도 일대 일일 경우에만 가능하지, 모든 참가 선수가 실수를 하지 않는 한 내가 금메달리스트가 될 순 없다.

모두에게는 각자의 호흡이 있다. 내 호흡과 상대의 호흡은 다르다. 여러 바퀴를 돌고 있는 나와 이제 막 한 바퀴를 돈 그의 호흡은 같을 수 없다. 부질없이 따라잡으려다가는 숨을 더 헐떡이며 포기하게 된다.

경쟁자의 호흡, 숙련도, 경험치 모두 같을 수 없다. 어설프게 따라 하며 당신의 인생을 짝퉁으로 만들지 말자. 당신만의 호흡, 당신만의 노하우를 익히자. 물론 처음에는 벤치마킹이 필요하지만, 벤치마킹만 한다고 해서 상대처럼 될 수 없으니 당신만의 길을 걷자.

여기서 혹시나 무분별하게 느슨해질 수도 있는 당신의 멘탈을 다시 한번 팽팽하게 조여야겠다.

사점dead point, 死點이라는 것이 있다. 한마디로 죽을 것 같은 시점을 말한다. 이 사점은 죽을 것 같은 고통을 느끼게 해서 당신을 금방 포기하게 만드는 악마 같은 녀석이다.

여기서 1차 결정을 해야 하는 시기가 온다. 포기할 것이냐? 계속할 것이냐? 당연히 의지가 강한 당신은 포기하지 않고 계속할 것이다. 그럼에도 끊임없이 악마의 달콤한 속삭임이 들려온다.

'이래도 포기 안 할 거야? 이래도? 이렇게 힘든데도? 포기해, 포기하면 편해. 참 희한한 녀석이네. 뭘 그렇게 힘겹게 살아. 포기해!'

당신도 처음에는 호기롭게 거절하겠지만 계속 들려온다면 포기로 기울어질 수 있다. 여기서부터가 진짜 사점이다. 이 2차적 사점에서 포기라는 것을 아예 배제해야 한다. '나는 악마인 당신과 협상할 의향이 없고 이 레이스를 계속 이어나갈 것이니, 다른 곳에 가서 속삭이시오'라고 말이다. 보험이나 분양 광고 전화가 걸려왔을 때 거절하는 것과 비슷하다.

앞서 말했듯 내 무릎은 장거리달리기를 하기에 부적합하기에 사점이 금세 찾아온다. 그럴 때 나는 아예 선택할 수 없는 옵션처럼 포기를 비활성화해버린다. 대신 아주 천천히 달린다. 걷는 것인지, 뛰는 것인지 분간이 되지 않을 정도로. 어쨌든 아주 느리게나마 러닝을 이어나가고 있으니까.

인생도 마찬가지다. 사점이 온다고 해서 곧바로 포기하기보다는 아주 느리더라도, 본인의 호흡, 패턴, 방식대로 계속 이어나가면 된다.

사점을 지나면 내리막이 올 수도 있는데, 대부분 내리막 직전에서 멈춘다. 동이 트기 전이 가장 어둡다는 말도 있지 않은가? 느리게 가도 된다. 포기하지 않으면 언젠가 완주하게 되니까 말이다. 이 말을 꼭 명심했으면 좋겠다.

다섯 번째 비밀: 돈으로 시간을 구입하자

나의 연봉은 3.65억 원이다

현재 나의 연봉은 3.65억 원이다. 2023년까지 3억 원이었으나 올해부터는 시간을 조금 더 인지하고자 하는 마음으로 3.65억 원을 받기로 했다(물론 기존에도 등기 임원으로 등재된 다른 여러 회사에서 급여가 지급되기도 했고, 방송과 기고로 인한 용역비까지 고려하면 3억 원이 넘긴 했으나, 내가 직접 연봉을 책정할 수 있는 회사는 내가 100% 최대 주주이자 대표이사인 혁신IB자산운용 한 곳이다).

연봉을 그렇게 책정한 이유는 하루의 가치를 소중히 여기고 싶은데, 추상적으로만 생각하지 말고 매일 되새길 방법을 찾기 위해서였다. 그래서 기존 연봉에서 20%가량 인상해 하루 일당 100만 원, 1년 3,65억 원으로 책정했다.

하루 일당을 100만 원으로 책정하니 하루하루의 가치를 인지하기에 더 쉬웠다. 오늘 내가 보낸 하루는 100만 원의 가치가 있었는지, 아니면 의미 없게 흘려보냈는지 말이다. 이것을 시간으로 쪼개면 4만 1,667원인데, 잠자는 시간을 포함해 매시간 생산성 있게 살 수는 없기에 하루를 기준으로 삼았다.

당신이 무언가 비용을 지불한다고 가정했을 때도, 당신이 쓴 비용이 몇 시간 정도의 시간과 바꿀 가치가 있는지 판단해보는 것도 시간의 중요성을 깨닫게 하는 방식 중 하나다. 물론 시간을 버리는 조건으로 얻는 물건이 그만한 가치가 있다면 그것을 알차게 이용하면 된다.

지나치게 자본주의적 사상일 수 있어 거부감이 들겠지만, 현실적으로 우리는 시간과 돈을 교환하는 것이 맞다. 사람들 대부분은 직장에서 근로를 하고 받는 봉급으로 생활한다. 하지만 이 책을 읽는 여러분은 이 낡은 공식을 바꿔야 한다.

시드 머니를 어느 정도 모으기 전까지는 어쩔 수 없지만, 일단 힘들더라도 시드 머니를 만들어두고 삶의 기어를 변속해야 한다.

'가성비' 있는 삶이란 단순히 물건을 저렴하게 사거나 적게 일하고 급여를 더 주는 곳에 가는 것이 아니다.

1단계는 시간을 제공해 돈을 얻는 행태라면, 2단계는 역으로 돈을 들여 시간을 구입하는 것이다.

　돈을 들여 시간을 구입하는 것은 매우 간단하다. 내 삶에 영감을 준 롭 무어의 책《레버리지》에서는 '최소 노력 법칙'에 대해 이야기한다.

　예를 들어 당신이 급여가 시간당 1만 원이면 시간당 1만 원 미만을 버는 일은 모두 위임하고, 당신은 시간당 1만 원 이상 벌 수 있는 일을 직접 해야 한다고 이야기한다. 물론 이렇게 하려면 어느 일이건 타인 대비 잘할 수 있고 앞서 나갈 무엇인가가 필요하다.

　그렇게 계속 몸값을 올려 가성비 있는 삶을 추구한다는 것인데 이를 지렛대 역할을 하는 금융 용어인 레버리지에 빗댄 것이다. 저자 롭 무어는 모든 일에 최선을 다하면 아무 일도 할 수 없다고 말한다.

　이 이야기를 처음 읽었을 때는 '그게 말처럼 쉬우면 모든 것이 다 쉽게?'라고 생각했지만 나중에 깊이 이해했다. 이 간단한 원칙을 삶에 적용한다면 정말로 가성비 있고 풍족한 삶을 살 수 있을 것 같다고 생각했다.

　그러니 최대한 시간부터 확보하자. 앞에서 말했듯 시드 머니를 어느 정도 모으면, 그 후부턴 상황에 따라 돈을 지불하고 시간을 살 수 있을 것이다.

　나와 당신의 하루는 모두 24시간으로 이루어져 있다. 이 제한된 시간으로 더 많은 것을 하려면 어쩔 수 없이 타인의 시간을 당겨 와야 한다. 부동산을 살 때도 70~80%가량은 은행의 도움을 받지 않는가? 온전히 내 힘만으로는 집 한 채 사기가 쉽지 않기 때문이다. 당신에게 주어진 시간대로만 산다는 것은 급여를 모아 아파트를 사겠다는 생각과 별반 다르지 않다. 그것보다는 대출금리와 부동산 가격 상승 폭을 비교해서 부동산 상승 가격이 더 클 것이라 판단한다면, 레버리지를 일으켜 부동산을 구매해야 한다. 당신 혼자 일하는 것보다 급여를 줘서라도 다른 사람의 시간을 빌려 공동으로 일해 업무를 더 빠르고 완벽하게 완성할 수 있다면, 이 책에서 제시하는 다섯 번째 비밀처럼 돈으로 시간을 구입하는 것이 맞다.

모든 것이 레버리지를 일으켜야 하는 상황이다. 당신의 삶을 조금 더 효율적으로 살기 위해서 말이다. 이 비밀을 잘만 활용한다면, 당신은 하루를 24시간에서 48시간으로, 아니 그보다 더 많은 시간으로 늘릴 수 있다. 당신이 자신의 시간과 체력을 제공해 급여를 받았듯 당신도 타인에게 급여를 제공하고 그들의 시간을 빌릴 수 있다. 당신은 이제 자신의 인생을 위해 더 가치 있는 일을 하면 된다. 안심해라. 이 비밀을 알기 전까지는 돈을 받고 자신의 시간을 내줄 사람은 너무 많다.

물론 지금은 시간을 돈으로 바꿀 수밖에 없겠지만, 재화의 교환은 상황에 따라 상대적이기 때문에 결국 언젠가는 돈을 시간으로 바꿔야 한다. 그러지 않고 계속 시간을 들여 돈만 취한다면 수동적 삶만 살게 된다.

시중에 나와 있는 책을 살펴보면, 대부분 책을 출판하고 명성을 얻어 자신의 사업을 더 확장하려는 저자가 많다. 지금 이 책을 통해 다시 이야기하지만, 나는 다르다.

독자들은 분명 믿기지 않을 것이다. 하지만 정말이다. 나중에 사실을 알게 될 것이다.

"사업에 더 집중하고 열심히 하겠습니다!"라고 해야 우리 회사 고객들도 안심하겠지만, 솔직히 나는 여기서 같은 속도로 더 열심히 일할 수 없다. 개인이 할 수 있는 역량에 한계가 있기 때문이다. 5억 원의 작은 규모에서 100억 원 수준으로 성장하면, 그때는 한두 명의 플레이어가 아니라 기업 등 여러 조직과 시너지를 이루어야 하는데, 나는 충분히 할 만큼 했기에 더 성장하기엔 한계를 느끼기 때문이다.

그래서 난 어떻게 해서든 더 시간을 구입해 확보할 것이다. 시간 역시 명품과 똑같아서 세월이 흐를수록 가치가 커진다. 당신이 어렸을 때 보낸 1시간은 그저 그렇게 쉽게 낭비할 수도 있었겠지만, 시간이 지날수록 그 시간의 값어치는 달라진다. 이유는 아주 명확하다.

당신이 어렸을 때는 시간이 무한한 것처럼 느꼈을 수도 있다. 하지만 나이가 들면 자연스레 깨닫는다. 시간은 유한하고 시간의 가치는 점점 커진다는 사실을. 당신의 인생에서 시간은 점점 더 희소성을 가진다. 시간의 값어치는 올라가고, 우리의 몸값은 정점을 지나면 대체로 떨어지기 마련이다.

어릴 때 자주 듣던 이 말이 그리 썩 와닿지 않을 수 있다. '기회는 올 때 잡으라'는 말. 나도 그랬으니 당신도 그럴 것이다.

기회가 왔는지도 잘 모르겠고, 앞으로도 올지 안 올지도 모른다. 아주 확실하게 '이 기회는 네 것이야. 몇 월 며칠까지 기회를 써라'라고 기프티콘처럼 친절하게 안내해주는 일은 없다.

'조금만 더 준비하면 기회가 내 앞으로 올 거야. 조금 더 괜찮아지면 기회가 더 많겠지?'라며 자신에게 온 기회를 떠나보냈을 수도 있다. 나 역시 그랬고, 당신도 그랬을 것이다.

하지만 20대 후반~40대 초반이라면, 당신에게 올 기회가 곧 품절될 수도 있다. 지금 당신의 나이가 가장 값어치가 높을 수 있다. 시간이 지나 나이 더 들수록 당신의 가치는 낮아질 수 있다.

주식 투자를 할 때, 바이오나 테크 기업 같은 적자 기업이 흑자 기업으로 전환될 때가 있다. 일반적으로 이를 호재로 보고 매수를 하게 되는데, 이상하게도 주가는 떨어진다. 왜일까?

현실이 되기 전에는 희망에 대한 가치를 높게 쳐준다. 그러나 희망이 현실이 되면, 딱 거기까지라고 생각하고, 더 높은 업사이드를 기대하지 않는다. 물론 흑자로 전환될 것이라는 정보를 바로 직전에 취득해 곧바로 차익을 실현한 사람도 있겠지만, 대부분 여기서 더 이상 높은 밸류에이션을 기대할 수 없다고 판단해 또 다른 종목을 향해 떠난다.

현실이 되지 않은 희망의 가치는 부르는 것이 값이다. 당신의 가치 또한 그러할 수 있다. 그렇기에 나이가 들면 들수록 가치가 떨어지는 것이 일반적이다. 잠재력이나 희망이 점점 줄어들 수밖에 없다.

그런 의미에서 만약 기회가 온다면, 더 이상 재지만 말고 일단 잡았으면 좋겠다. 그게 마지막 동아줄일 수도 있을 것이다. 솔드 아웃되면 당신은 당신이 원치 않고 별 볼 일 없는 줄을 잡아서 미래의 인생이 고정될 수 있다.

본인이 시간을 자주 허비한다고 생각하면, 결제 개념을 도입해보는 것도 방법일 수 있다.

PC방이나 노래방처럼 돈을 내고 이용할 수 있는 권리를 구매했는데, 가만히 그 시간을 흘려보낸다고 생각해보자. 그것만큼 아깝고 비효율적인 소비가 어디 있을까? 이런 식의 개념을 도입해 시간을 귀중히 여기고 세이브했으면 좋겠다.

나는 돈을 들여서라도 시간을 구입할 수 있다면, 그 시간을 활용해 더 큰 성장을 이루고 싶다. 최근 많이 지쳐 지인들에게 잠시 당분간 일을 쉬고 싶다고 말하거나 새로운 일은 어떨까 하는 이야기를 꺼내면, 주변 사람들은 대부분 "지금 잘나가고 있고, 돈도 1년에 수십억 버는데, 왜 마음에도 없는 소리를 하냐"고 나무란다.

하지만 나는 쉼을 가장한 더 큰 성장을 이루고 싶다. 쉴 새 없이 달려온 지난날을 돌아보면 주 7일 중 대부분을 모두 일하면서 보냈다. 이 시기가 앞에서 말한 시간을 들여 돈을 모은 시기다. 그런 시기를 보내고 이제 100억 원대 부자가 되었다.

지금이야 돈도 잘 벌고 남부러울 것 없이 사는 듯하지만 여기에서 더 성장한다면, 세상을 지금보다 더 넓게 볼 수 있을 것이라 자부한다. 아는 만큼 보이고, 성장한 만큼 느낄 수 있기 때문이다. 저자는 1년에 20억 원 수준의 돈을 버는 것이 아니라 더 크게 벌거나 당분간 휴식기를 갖고 자기 계발을 하며 더 큰 기회를 노릴 것이다.

피트스톱pit stop이라는 레이싱 용어가 있다. 레이싱 경기 도중 차량이 피트에 정차해 타이어를 교체하고 연료를 공급하고 기타 정비를 하는 장면을 본 적이 있을 것이다.

인생도 레이싱과 비슷하다. 피트스톱처럼 나 자신을 정비해야 할 휴식기가 필요하다. 그러지 않고 계속 달린다면 영원히 퍼져서 다시 달리지 못할 수도 있다. 지금 피트스톱을 위해 잠시 멈출지, 아니면 계속 레이싱을 해야 할지 스스로 냉정하게 생각해 보자. 나에게는 지금이 피트스톱의 시점 같다. 앞으로 더 달리기 위해 잠깐 쉬어야 할 바로 그 시점이다.

누가 알았겠는가? 지질한 이경준이 100억 원대 부자가 될 거라고. 또 누가 장담할 수 있겠는가? 그 이경준이 한 단계 더 나아가 1,000억 원대 부자로 올라설 수 없을 거라고.

대부분 이렇게 돈을 벌면 파이프라인을 구축해 안정적으로 살고 싶어 한다. 다른 사람에게도 이제 좀 안정적으로 살라고 조언을 하기 시작한다. 지금 이 글을 읽는 독자도 자산이 100억 원 수준이 되면 그냥 만족하거나 번 만큼 다시 잃을까 봐 새로운 도전을 하지 못할 수 있다.

하지만 어느 정도 많은 경험을 해왔고 곳곳에 안전장치를 설치해 충분히 리스크 관리를 하며 도전한다면 누가 알겠는가? 10년 뒤엔 1,000억 원대 부자가 되었다고 다시 잘난 척하며 또 책을 낼지.

돈은 나중에도 벌 수 있기 때문에, 지금 당장 돈이 넉넉하지 않다면 돈으로 살 수 있는 것에 대해 궁리하지 말고 돈으로 살 수 없는 것에 대해 궁리하자.

다시 한번 우리의 목표를 상기해보자.

지금 당장 마음 편히 수동적으로 살려고 이 책을 읽고 있는 것이 아니지 않는가?

일은 당신 대신 똑똑한 사람에게 시켜라

단순히 일을 위임하는 정도나 서비스나 받고 시간을 세이브하는 것 외에 뭐가 있을까? 나는 어떻게 성공할 수 있었는가? 현기증이 나서 못 견디겠다는 독자가 있을 수 있으니 바로 본론으로 들어가겠다.

당신이 아무리 똑똑하다 하더라도 사업을 혼자 다 할 수는 없다. 구성원 한 명 한 명이 각자 자기 역할과 두뇌, 체력을 써가면서 움직이는 조직이 법인이다.

우리나라 대표 기업을 떠올려보라. 대학을 졸업한 수많은 인재와 수재가 그 기업에 들어가려고 열심히 노력한다. 결국 그 기업에 들어간 후에는 인센티브를 받으려고 열심히 일한다.

富를 이루는 방법은 사업이나 투자를 하는 것이다. 사업은 쉽게 말하면 다른 사람의 시간을 이용해 부를 창출하는 행위다. 당신이 혼자 할 수 없는 이유는 시간이 부족해서일 수도 있고,

다른 이의 지식을 대신 이용해야 하기 때문이라 봐도 된다.

중요한 사실을 이야기할 테니 명심했으면 좋겠다. 솔직하게 말할 테니 너무 반감은 갖지 않았으면 좋겠다.

'성공은 당신의 능력 여하로 이룰 수 있는 것이 아니다.'

당신보다 역량이 뛰어난 사람은 얼마든지 있다. 그들은 모두 지금 부를 이뤘는가? 어느 정도는 이뤘을 수도 있겠다. 하지만 그들도 만족할 만한 부를 이뤘다고 생각할까? 아니, 여전히 부족하다고 생각할 것이다. 문제가 무엇일까?

앞에서 이야기한 바와 같이 당신보다 능력이 뛰어난 사람은 많기에 능력만이 성공의 기준은 아니다. 성공은 시도하는 사람의 몫이다. 이래서 안 되고, 저래서 안 되고, 리스크를 다 따져가면서 계산기를 두드리는 사이에 당신의 잠재적 경쟁자는 이미 치고 나아간다. 부자가 되려면 행동을 해야 한다. 무작정 사업을 하라는 이야기는 아니지만, 사실상 부는 회사를 차리는 사람만 가질 수 있다.

그러나 부를 쌓으려면 사업을 해야 한다는 것을 알지만, 사실 사업은 쉽지 않은 일이다. 사업을 시작한다고 생각하면 해야 할 것이 너무 많다. 수많은 인재를 선발하고, 관리하고, 업황의 흐름을 읽으며 사업 아이템을 발굴해야 한다. 그렇다면 그 기업에 투자를 하면 어떨까? 어차피 우리도 어딘가에서 정당하게 일했기에 급여를 받는 것은 합리적이고, 여러 비용이 발생한다. 오너 혹은 대표 역시 주어진 급여(좀 많겠지만)를 받고 일한다.

세금이 아까워 비용으로 다 써버리는 기업이 아닌 이상 회사에 유보금을 남겨야 한다. 결국 회사를 청산하지 않으면 자체적인 재투자가 이루어질 수밖에 없는데, 유보금이 없으면 위태로울 수 있기 때문이다.

우리는 회사 운영에 필요한 인재, 집기 관련 비용 등 기타 비용을 오너와 같이 부담하는 동시에 수익도 공유받을 수 있다. 물론 시대적 흐름을 잘 타서 투자자들의 선택을 받거나 사업을 아주 잘 운영해 이익이 많이 날 때 가능한 일이다. 그러려면 틈틈이 경제나 기업에 대해 공부해야 하고, 낮은 수준의 임금 대신 투자수익을 늘려나가야 한다.

투자에는 리스크가 있지 않느냐고 물을 수도 있겠다. 그럼 나는 이렇게 반문한다. 지금 당신의 삶에는 리스크가 없다고 장담할 수 있느냐고.

저위험 고수익은 없다. 오직 고위험 고수익이 있을 뿐이다. 당연히 리스크가 있는 것이 투자다. 그래서 경제와 기업에 대해 공부해야 한다는 것이다. 운 좋으면 배당이라는 보너스를 받기도 한다(물론 순이익 전부가 아닌 일부만 배당받겠지만).

여기서 중요한 것은 투기가 아닌 투자를 해야 한다는 것이다. 온라인, 모바일 할 것 없이 급등 종목 추천이나 대박 부동산 추천이 난무하는 시대다. 그것만을 추종하는 사람들이 너무 안타깝다. 저마다 자신이 투자 전문가라고 하지만, 정작 펀드매니저업계에서는 자신을 투자 전문가라고 소개하는 이는 아무도 없다.

좋은 정보가 있다는 유혹은 사실 그럴싸하긴 하지만 검증이 되지 않았고, 잘되면 떵떵거리고, 잘 안 되면 어떠한 외부 변수로 어쩔 수 없었다고 하소연할 만한 정보다. 둘의 비중은 5 대 5다. 당신이 모르는 종목이나 부동산에 투자하여 성공이나 실패할 확률도 5 대 5다. 모두 사기라고 봐도 무방할 정도다.

실제로 SG발發 하한가 사태나 온라인 카페를 이용해 리딩하다가 결국 다섯 종목을 하한가로 내몬 사태, 혹은 슈퍼 개미를 자처한 유튜버 김 모 대표가 선행 매매로 50억 원 이상을 벌기도 하는 일이 심심찮게 있다.

이 책을 읽는 당신만은 제발 이용당하지 마라. 그들은 실현되려면 아주 오래 걸리는 '비법'이라는 미끼와 당신의 관심을 통해 부자가 된다. 당신이 대박 기회를 잡고 싶어 하는 심리를 이용해서 말이다. 자칫하면 그들이 던진 환상이라는 미끼를 물어버릴 수 있다.

재테크나 투자 비법을 알려준다고 해당 VIP 비용을 받거나 여러 강의료를 받는다면, 우선 냉정하게 생각해보자. 그들이 과연 당신을 부자로 만들어줄지, 아니면 당신을 이용해 그들이 부자가 될지 말이다.

실생활에서도 당신이 믿는 전문가가 진짜 전문가가 아닐 가능성이 있다. 어떤 분야건 시중에서 관련 분야 책 한 권만 읽는다면, 그 분야 최고 전문가처럼 행세할 수도 있다.

잊지 말아야 할 게 하나 더 있다. 앞에서 이야기한 내용이기도 하다. 어느 정도 돈이 생기면 계속 시간을 제공하고 돈을 버는 것이 아니라, 돈이 생기는 족족 시간을 구매하는 것이다.

돈으로 시간을 사는 것이야말로 가장 현명한 소비다. 생각해 보라. 당신의 시간은 유한하지만, 당신이 벌 수 있는 돈은 가늠이 잘 안 되지 않는가? 돈을 무한정 벌 수 있는 방법의 핵심 재료는 시간이다. 그 시간을 소중히 여겨야 한다. 이젠 시간을 돈으로 사야 한다. 반대로 시간을 들여 돈을 사지 말고.

시간을 들여 돈을 벌기보단 돈으로 시간을 사는 것이 성공한 사람들이 말해주기 싫은 진짜 1급 비밀이다.

손절을 통한 미니멀리즘

돈이 여유롭지 않더라도 걱정하지 않아도 된다. 소소한 재테크를 하듯 소소하게 시간을 구매하는 방법도 있다. 지금 버려지는 시간을 미니멀라이즈(단순함과 간결함으로 최소화)하는 것이다.

지금 활동하는 시간만으로도 부족하다고 불평하지 마라. 방법은 또 있다. 현재 이 책을 읽고 있는 곳이 집이라면 주위를 둘러보라. 쓰지 않아 먼지가 쌓일 만한 오브제 같은 물건이 있다면, 버리거나 중고 물품 판매 플랫폼을 통해 매도하고 시간이나 돈과 교환하면 된다.

중고 물품을 판매했는데 어떻게 시간과 돈을 같이 벌 수 있단 말인가? 이 단순한 물품을 집 안에 둠으로써 쌓여가는 먼지를 털어내는 데 드는 시간을 절약할 수 있다. 방 안을 둘러보는 그 시간에 당신의 뇌가 그 오브제를 읽는 과정을 제거해주기 때문이다.

결국 버릴 물건이라면 지금 버리거나 판매하는 것이 감가상각 관점으로나 활동 면에서 훨씬 더 가치 있고, 생각과 활동의 범위도 넓힐 수 있다. 물론 한편으로는 아까울 수 있다. 나 역시 한 푼, 두 푼 아껴가면서 산 물건을 버리는 일이 마냥 쉽진 않다.

앞서 '손절'이라는 표현을 잠시 이야기했다. 삶에서도 이 손절 개념을 여러 곳에 적용할 수 있다. 시작점은 당신의 공간을 무단 점거하고 있는 물건을 걷어내는 것이다. 그것들은 당신의 공간을 차지하면서 비용도 지불하지 않고 있다. 물건은 시간이 흐를수록 값어치가 떨어진다. 당신의 공간을 차지함으로써 소요되는 보관 비용을 고려했을 때(당신의 집이 임대가 아닌 자가라 할지라도, 공간을 많이 차지하지 않더라도 결국 그 공간은 부동산 시장의 맹지처럼 쓸 수 없게 된다), 쓰지도 않을 물건을 집에 방치해두는 것은 아주 어리석은 결정이다.

대부분의 물건은 지금 사용할 때 가치가 있다. 시간이 지날수록 신상품이나 발전된 기술력을 반영한 상품이 나오고, 그런 물건이 아니라면 시간이 지날수록 가치가 떨어질 것이다. 하루하루 가격이 떨어지는 고물을 집 안에 두고, 언젠간 저 고물이 보물이 되지 않을까 하는 착각에 빠지지 말고 환상에서 깨어나라. 주차비가 쌓이고 있다.

처음에는 감가상각으로 가치만 떨어지지만, 결국 당신의 소중한 시간과 정신을 빼앗는 도둑이 된다. 그 물건 혹은 착각을 치워버리는 순간 당신은 그토록 바라던 더 넓은 공간을 일부라도 확보할 수 있다. 눈에 보이는 것이 하나둘 사라질수록, 생각의 폭은 더욱 넓어질 것이다.

집을 드나들 때, 마치 펜션이나 호텔에 드나든다고 생각해보는 건 어떨까. 퇴실할 때 자신이 가지고 온 짐만 가져오고 쓰레기는 버리고, 더 이상 방 안에 무언가 두지 않아야 하는 것처럼 정리를 하는 것이다.

가치 없는 것에 투자하는 시간과 생각을 줄여보자. 여러 번 이야기하지만 당신의 시간은 유한할 뿐 아니라, 턱없이 부족하다. 미니멀리즘과 손절 개념을 적용하면 그만큼 당신의 인생이 늘어난다.

미니멀리스트가 되어야 한다는 것을 알면서도 행동으로 옮기지 못한다는 것도 충분히 이해한다. 일반적으로 무언가를 얻었을 때 느끼는 기쁨보다 잃었을 때 느끼는 상심이 더 크다. 혹시라도 정리한 후 그 물건을 다시 찾게 될까 봐 머리로는 이해하면서도 막상 미니멀리스트로 산다는 것은 여간 쉬운 일이 아니다. 그러나 맥시멀리스트보다는 미니멀리스트의 삶이 더 큰 유익을 가져다준다.

지금 버틸 수 있기 때문에 심리적으로 손절하지 못하는 경우도 있다. 당신 역시 지금의 삶이 만족스럽지는 않지만, 견딜 만하다고 생각해 버티는 중인가? 그렇다면 아주 큰 문제다.

당신은 앞으로도 버틸 수 있기에 그 삶에서 빠져나올 수 없을 것이기 때문이다. 그러니 정신 차리고 깨어나야 한다. 물건이든, 주식이든, 인생이든 손절할 건 손절하고 깔끔하게 다시 시작하자.

미니멀리즘을 통해 불필요한 것을 줄이면 인생이 늘어난다는 것을 기억하자.

여섯 번째 비밀: Stop It and Just Do!

눈치 좀 그만 봐!

다른 사람들은 내가 남 눈치 안 보고 하고 싶은 것을 하는 걸 부러워한다.

그들이 그렇게 생각하는 것은 분명 사람들의 입방아에 오를 만한 행동이나 말인데, 내가 거리낌 없이 하거나 내뱉는 것을 보았기 때문이다. 내가 눈치를 보지 않는 것은 아니다. 오히려 그렇게 내가 하고 싶은 말과 행동을 하며 살아왔기 때문에 많은 눈치를 받았고, 더 많이 눈치를 본다.

남들보다 눈치를 더 많이 보면서도, 어떻게 그런 행동을 할 수 있을까? 눈치가 보이는 건 어쩔 수 없다. 사회적 관계를 고려하거나 고립되지 않아야 한다는 심리적 방어 기제의 작용이기에 내가 그것까지 코딩하듯 조작할 수 없다. 그럼에도 눈치가 보일 만한 행동을 하는 것은 내가 옳다고 생각하기 때문이다. 설사 눈치를 받더라도 그들은 내 인생에 도움이 되지 않으리라는 것을 알기 때문이다.

누군가가 당신을 좋아하면 뭘 하든 당신을 좋아할 것이고, 당신을 싫어하면 뭘 하든 당신을 싫어할 것이다. 어차피 당신에 대한 호불호는 이미 정해져 있기에 그런 평판 때문에 당신의 활동을 제한할 필요가 없다.

혹시 어떤 사람과의 관계가 멀어져서 당신에게 안 좋은 소문이라도 퍼질까 걱정되는가? 충분히 그럴 여지가 있다. 그러나 잠깐잠깐 만나는 사람들은 그런 헛소문을 듣고 잠깐은 의심할 수 있겠지만, 당신을 알다 보면 진실이 무엇인지 깨달을 것이다. 그러므로 너무 눈치 보지 말자. 눈치를 보는 것은 진짜 피곤한 일이다.

아예 주변에 신경 쓰지 말라고는 말 못하겠다. 나 역시 신경이 쓰이는 건 사실이니까. 그러나 주변에서 수군대는 것을 두려워하지 마라. 그런 장애물을 뛰어넘어야 당신이 원하는 것을 손에 넣을 수 있다.

다른 이가 뭐라고 하든 당신이 노력하고 있다면, '나는 충분히 잘하고 있다'고 칭찬해줘라. 모든 이들이 안 좋게 본다면, 정말 잘못하고 있다는 뜻일 수 있다. 하지만 그런 일은 흔하지 않다. 어떤 이들은 나를 좋아하고 어떤 이들은 싫어한다. 이는 내게 무언가 남들과는 다른 점이 있다는 의미이고, 그 다름이 호불호를 만든다. 모든 이에게 맞추려다가 자기 정체성을 잃지 말고, 최선을 다해 달라져라. 호불호가 갈리는 것, 남다르다는 것, 새롭다는 것은 칭찬받아 마땅한 일이다.

나를 안 좋게 보는 관점에만 매달려 내 인생을 망치면 안 된다. 타인의 공격에 자신을 가장 잘 보호해야 할 자신까지 동조하며 스스로를 공격하며 주눅 들게 만들지 마라. 나 자신의 편이 되어야지, 타인과 함께 편 먹고 스스로를 공격하면 안 된다. 정신 차리고 피아를 제대로 식별하라.

최종 결정권자인 당신이 자신을 향한 공격을 승인하지 않으면, 타인의 비난을 무력화할 수 있다. 두 번째 비밀에서 말하지 않았던가? 당신이 당신이라는 사람의 대표이사다. 나 스스로 주인의 눈치를 보는 노예가 되지 말자. 왜 노예의 길을 걸으려 자처하는가?

냉정하게 생각해보자. 그들이 당신의 인생에서 얼마나 오래 머무르겠는가? 결국 모두 주변인일 뿐이다. 인생을 긴 여정이라고 할 때, 고속도로 옆 풍경처럼 그들 역시 지나갈 것이다.

가끔은 냄새 나는 곳도 있고 가끔은 꽃밭도 있을 것이다. 하지만 그 냄새에 취하지 말고 목적지에 도착하는 데 더 신경 써야 한다. 짖는 개를 볼 때마다 길을 멈추고 돌을 던지면 결코 목적지에 도달할 수 없다던 영국의 정치인이자 작가 윈스턴 처칠의 말을 기억하자. 그 개는 그냥 내버려둬라. 혼자 짖다가 지치도록.

살짝 다른 이야기를 해보겠다. 내가 눈치를 보는 진짜 이유는, 평소 내가 다른 사람들을 부정적으로 봤기 때문이다. 내가 그렇듯, 그들이 날 부정적으로 볼 것이라 예단하기 때문이다.

잠재의식에 꽁꽁 숨겨놨던 들키고 싶지 않은 나의 부정적 시선이 상대방에게 투영되기에 그렇게 되는 것이다. 세상을 좀 더 밝고 긍정적으로 바라보는 연습을 해보자. 분명 그만큼 세상이 밝고 긍정적으로 다가올 것이다.

부정의 안경을 끼면 세상이 모두 부정적으로 보이고, 긍정의 안경을 끼면 세상이 모두 긍정적으로 보일 것이다. 당신이 부정의 시야로 세상을 본다면, 그 세상 속에서 당신도 부정당할 것이다.

하지만 그렇다고 해서 부정이 나쁜 것만은 아니다. 긍정적인 건 마음은 편하지만, 부정적인 건 때론 자신을 지킬 수도 있기 때문이다. 낙관적이기만 해서 위험도 고려하지 않고 최악의 상황을 맞이하는 것보다 오히려 안정적일 수 있다. 다만, 매번 부정적으로 보다가 긍정적인 부분을 놓치지 않도록 주의해야 한다.

부정보다 더 안 좋은 건 무기력과 냉소다. 부정적인 사람은 돌다리를 두들겨가며 완벽을 추구할 수 있지만, 무기력하고 냉소적인 사람은 아예 시도 자체를 하지 않는다.

눈치는 보지 말고 눈치 있게 행동하면 된다. 눈치를 보는 행위는 수동적이고 눈치 있는 행동은 능동적이다. 수동적 행동을 할지 능동적 행동을 할지 그것만 선택해 움직이면 된다.

당신이 먼저 스트레스를 불러오지 마라. 임시로 저장되었을 수도 있는 스트레스를 실행하는 것은 당신의 실행 명령뿐이다. 그동안 눈치 보느라 힘들었을 당신에게 스스로 사과를 건네보자. 또 사과와 함께 재발 방지를 약속하자. 그것이 진정한 사과다.

말더듬이 총학생회장

나는 군 부적응자였다. 실제로 군 병원 정신과에 수차례 다녀온 '관심 사병'이었다. 늘 할 말은 하는 성격이었기에 군대에서도 말을 가리지 않았더니, 구타와 비난이 돌아왔다.

내가 입만 열면 점호 때 베개가 날아왔고, 나는 무대공포증을 얻었다. 평소 말이 많고 앞장서기 좋아하는 내게 무대공포증이 있다고 하면 다들 거짓말하지 말라며 배를 잡고 깔깔깔 웃곤 한다.

내 무대공포증은 대개 갖고 있다고 하는 적당한 두려움 정도의 수준을 뛰어넘는다. 나는 대학교에서 총학생회장을 맡았다. 그때는 선거에 나가기만 하면 당선이 될 정도로 자신만만했는데, 군대에 다녀와서는 사람들 앞에 나서는 것이 너무 무서웠다. 오죽했으면 전역 후 대학원 선거 유세 때 소주 1병을 한꺼번에 마시고 약간 취한 상태로 나가곤 했다. 그 모습을 본 선거 캠프 원들과 유세를 듣는 이들은 고개를 갸우뚱하곤 했다.

학창 시절에도 반장을 맡았고, 대학에 입학하자마자 과 대표를 할 정도로 타인 앞에 서는 것에 대해 불안이라는 것이 전혀 없었다. 그런데 군대에서는 말만 하면 비난과 구타가 따라왔기에 입을 열면 누군가에게 맞을지 모른다는 트라우마를 얻었다. 이 트라우마는 마흔이 넘은 지금까지도 나를 괴롭힌다.

이런 외상 후 스트레스로 나는 몇 명 이상이 있는 자리에서는 얼굴이 빨개지고 떨면서 이야기한다. 이 증상을 없애기 위해서

라도 나는 눈치를 덜 보려고 노력한다. 대학교 총학생회장에 당
선되고, 활동할 당시에도 사람이 많은 곳에서 연설을 할 때면 여
전히 불안했지만, 여기서 멈추지 않고 대학원 MBA 학생회장에
도전해 당선되었다.

대학원 학생회장 선거 때도 무대공포증에 말더듬이였던 것은
똑같았지만, 그렇다고 해서 목표를 포기할 수는 없었다. 다음에
내가 또 어느 무대에 설지는 모르겠지만, 그때도 포기하지 않을
것이다.

독자 여러분도 용기를 냈으면 좋겠다. 나 역시 부족한 점이 많
지만 그럼에도 해나갈 것이다. 당신도 꼭 헤쳐나갔으면 좋겠다.

나는 독자 여러분을 응원할 것이고, 독자 여러분도 나를 응원
해줬으면 좋겠다.

당신의 팬은 이미 정해져 있다

이제 막 새롭게 인간관계를 시작하는 단계에서 내가 가장 많이
듣는 이야기를 순서대로 적어보겠다.

① 말씀 참 많이 들었다. 정말 반갑다. 텔레그램 채널과 기사도
　잘 보고 있다.(85%)
② 팬이다. 연예인 본 것 같다. 신기하다.(10%)
③ 이경준 대표님에 대한 호불호가 있는 것 같다.(5%)

나에 대한 호불호가 갈리는 경우가 5%뿐만은 아닐 것이다. 나도 이 사실을 잘 알고 있다. 남들이 하지 않는 행동을 하기도 하고, 젊은 나이에 큰 부자가 되었으니 시기와 질투를 받기도 한다.

그럼에도 상대방이 굳이 할 필요 없는 이야기를 꺼내곤 할 때가 있는데, 나에 대해 잘 안다는 사실을 강조하고 싶은 것인지도 모르겠지만 듣는 나로서는 기분 좋은 이야기는 아니다. "저에 대해 공부를 많이 하고 오셨군요" 하고 반길 수도 없다.

나는 타인의 시선에 연연하지 않는다. 왜 그럴까? 앞서 이야기한 내용 그대로다. 어차피 당신을 좋아할 만한 사람은 정해져 있다. 힙합 음악을 좋아하는 사람도 있고 싫어하는 사람도 있다. 소울 듬뿍 담긴 솔직하고 신나는 음악이라 생각하는 사람도 있고, 저속한 가사에 시끄럽기만 하다고 생각하는 사람도 있다. 클래식 음악도 마찬가지다.

당신이 알고 있는 그 누군가가 되었든 간에 안티가 단 1명도 없는 사람에 대해 말해보라. 사람이 아니라 신이라도 좋다. 없다면, 타인의 시선에 너무 예민하지 말자. 남에게 피해 주지 않고, 자신의 소신대로 살아보자. 다른 이의 미움을 산다면 그건 당신이 자유롭다는 뜻이다. 어떤 이들은 그런 당신을 부러워할 것이다.

당신이 직접 당신의 1호 팬이 되어라. 당신을 정말 좋아하고, 사랑하며, 응원하는 영원한 1호 팬이 되길 바란다.

당신을 좋아하지 않을 사람에게 쏟아부을 정성을 차라리 당신을 좋아하는 사람에게 쏟아보자. 그럼 당신을 좋아하는 사람들이 당신을 좋아하지 않는 사람들로부터 당신을 수호할 것이다.

삐뚤어진 시선으로 보고 있는 안티를 감동시키려 하지 말고, 당신을 좋아하는 팬에게 더 신경 쓰자. 그 팬들은 당신 그 자체를 좋아하는 사람들이다. 그러니 지금 당신 곁에 있지 않은가?

무엇을 해도 당신을 싫어하는 사람을 갑처럼 모시지 말고, 무엇을 해도 당신을 좋아하는 분에게 을처럼 잘하자.

그저 열심히 살면 된다. 평가는 그들의 몫인데, 그들이 어떤 평가를 내릴까 안절부절못하고 끙끙대느라 시간을 낭비하지 마라. 그럴 바에야 그 시간을 온전히 자기 자신에게 사용해 좀 더 나은 사람이 되는 것이 현명한 방법이다.

달리기 시합에서 달리기만 잘하면 되는데, 달리면서 '사람들이 날 싫어하나, 1등으로 달리면 1등이라 시기와 질투를 받으면 어떡하지?' '꼴등으로 달리면 모두 다 나를 비웃을 것만 같은데?' 하고 생각하면 달리기에 집중하지 못한다.

그러니 평가는 타인에게 맡기고, 자신의 일을 해라. 온전히 자기 자신의 발전을 위해 시간과 정신을 써라. 세상에서 가장 잘나고 괜찮은 사람이라고 해도 호불호의 시선에서 자유로울 수 없다.

악뮤 이찬혁이 〈쇼미더머니 10〉에 피처링으로 참가해 노래한 '어느새부터 힙합은 안 멋져'라는 가사는 많은 화제를 낳았다. 여러 힙합 가수들의 디스diss(노래 가사 등에서 타인을 비판하는 힙합 문화)를 받기도 했지만, 대중은 오히려 이찬혁에게 더 열광한다.

김난도 교수의 《아프니까 청춘이다》라는 책도 제목이 워낙 유명하다 보니 곳곳에서 비판을 받는다. 많은 사람에게 질투와 시기를 받는다는 것은 그만큼 임팩트 있는 일을 하고 있다는 것과 같다. 그러니 자기 자신에게 '잘하고 있다'고 격려하며 박수 한번 쳐주자.

나는 지난 10여 년간 평일(영업일 기준) 기준으로는 점심, 저녁 약속을 모두 잡아왔다. 그러다가 하루라도 약속이 펑크 나면, 어떻게 해서든 다른 약속을 잡았다. 식사 중간중간 티타임까지 치면. 꽤 많은 사람을 만나왔다. 현재 나의 연락처 목록에는 1만 2,901명의 전화번호가 있다. 길거리를 지나다니다 누군가 나를 보고 인사하면 처음엔 '누구지?' 하는 표정을 지었지만, 이제는 아주 태연하게 연기를 하곤 한다.

모두에게 친절할 수는 없다. 그러려고 하더라도 당신의 자기계발과 혼자만의 시간은 일정 부분 포기해야 한다.

나는 하루에도 정말 많은 전화를 받는다. 모든 이에게 친절하고 싶은 마음은 있으나, 사실상 불가능할 때가 있다. 나랑 잘 맞는 사람만 챙겨도 평균 이상의 인간관계를 만들어갈 수 있다.

그러므로 이것만은 기억해라. 수많은 사람과 다 친해지려다가 당신과 당신 주변 사람을 잃는 어리석은 행동은 말자.

2014년 아카데미 시상식에서 남우 주연상을 받은 배우 매튜 매커너히의 수상 소감은 아직까지도 내게 큰 영향을 준다.

매일, 매주, 매월, 그리고 매년, 제 영웅은 항상 10년 후의 저입니다. 저는 절대로 저의 영웅이 되지 못할 거예요. 그건 저도 알고 있어요. 하지만 괜찮아요. 그렇기에 제가 계속해서 좋을 수 있는 사람이 있기 때문이죠.

감사하자

예전에 나는 누군가가 싫으면 속으로 욕하고 그 사람이 잘못되길 바랐다. 아직도 그 버릇을 완벽히 고치진 못했지만, 요즘은 관점을 바꿨다. 그 사람이 보여주는 싫은 모습이 나에게 없음을 감사하는 것으로 말이다.

내가 그렇게 되지 않았음에 대해 자신에게 진심으로 감사하면 당신 자신의 자존감도 올라가고 앞으로도 더욱 나은 모습을 추구하게 될 것이다.

책을 쓰기 시작하면서 불특정 다수가 모이는 온라인 모임에 나가곤 했다. 특히 독서와 대화가 이루어지는 모임에 자주 나갔는데, 거기서 다양한 사람들을 볼 수 있었다. 그중에는 당연히 마음에 들지 않는 사람도 있었다. 나는 그럴 때 짜증을 내기보다는 그들의 단점이 나에게 없다는 사실에 감사하고, 그들에게서 보이는 안 좋은 모습이 내게는 없는지 자문하게 되었다.

앞서 이야기한 바와 같이 인간관계는 직접 대면해서 배워야 한다. 경험이 나를 더 성숙하게 만들기 때문이다. 이상한 사람을 만났다면 감사하자. 내가 그 사람보다 더 낫다는 사실에 자존감이 올라갈 것이다.

이렇게 항상 '감사하다'라는 말로 문장 혹은 대화를 마무리 짓자. 분명 좋은 일이 일어날 것이다. 나는 지금도 이메일이나 문자를 보낼 때 대부분 '감사합니다'로 끝맺곤 한다. 그냥 나에게 연락한 것도 감사하고, 그런 마음을 전함으로써 상대방과 더 유기적인 관계를 맺을 수 있기 때문이다.

여기까지 읽은 독자 여러분에게 진심으로 감사를 표한다. 내가 3년여간 집필한 이 책을 내려놓지 않고 열심히 읽어준 독자가 있다는 사실에 보람을 느낀다. 내게 보람을 느끼게 해준 당신에게 진심으로 감사를 표한다.

더 늦기 전에 당신이 옳다고 생각하는 것을 해라

여기까지 책을 읽으면서 당신의 머릿속에는 공감과 비공감이 뒤섞여 있을 것이다. 하지만 앞으로 할 이야기는 머릿속에 깊이 각인해도 될 만한 것이다.

당신이 매년 말 세우는 새해 계획부터 집어치웠으면 좋겠다. 새해 계획을 짜기 전에 작년 새해 계획을 들여다보자.

열심히 사는 사람은 대부분 연말과 연초에 새해 계획을 아주 그럴싸하게 세우곤 한다. 하지만 새해 계획을 세우기 전에 작년에 다짐한 새해 계획을 다시 한번 살펴보면 새로운 새해 계획이 별다를 것 없다고 느껴질 것이다. 당신도 아마 깨달았을 것이다.

계획이 부족한 것이 아니었다. 결국 행동을 하지 않은 것이 문제였다. 지금 하지 않고 다음으로 미루면 잘될 것 같은가? 당연히 아니다. 내년 역시 그 계획을 이루기 어려울 것이다. 당신이 되고 싶은 사람이 되기 위해 필요한 것은 계획이 아니라 실행이다.

매년 새해, 새 다짐을 하는 경우가 다반사지만, 생각해보면 매일 새로운 해가 떠오른다. 매년 새 해가 뜨는 것이 아니라, 매일 새 해가 뜨는 것이다. 매일 새롭게 태어난다는 사실이 올바르게 살아가려는 당신의 다짐에 도움이 된다.

독자 여러분은 언제까지 지금처럼 살고 싶나?

내년이면 달라질 거라고? 조금만 더 기다려달라고?

10년 뒤에는 바뀌어 있을 것 같다고?

내가 보기엔 지금과 별 차이 없을 것 같다. 20~30년간 지금처럼 살아왔는데, 한순간에 바뀐다는 것이 그리 쉬운 줄 아는가? 바뀔 수야 있겠지만 너무 뒤로 미루진 말자.

지금 당장 바꾸려 한다 해도, 몇 번의 실패 끝에 겨우 시작할 수 있을 테니까 말이다.

만약 오늘부터 당신이 살고자 했던 방식, 살고자 했던 양식대로 산다면 당신의 성공은 오늘부터 이루어지는 셈이다.

오늘, 아니 지금 당장 해야 할 일이 무엇인지 알고, 그것을 행하는 것을 당신이 추구하는 삶으로 삼는 것도 멋진 일이다. 누군가 당신을 안다는 것을 자랑스럽게 느낄 수 있는 말투와 생각, 행동을 몇 년간 실천해나가보자.

언제까지 내가 살고 싶은 대로의 방식을 미룰 것인가? 도대체 왜, 얼마나 더 잘 살려고 행복을 유예하느냐 말이다.

이젠 더 이상 늦추지 말고 시작해보자. 도대체 언제까지 미룰 것인가? 아직 준비가 덜 되었다고 판단하는가? 그럼 그 데드라인을 지금 바로 정해보라. 그렇지 않다면 당신은 영원히 당신의 꿈을 유예시키고 평생 이루지 못할 것이다.

혹여 그동안 자신이 설정한 이미지 혹은 캐릭터가 마음에 들지 않는다면 빠른 시일 안에 당신의 새로운 캐릭터를 구축해보자.

'너답지 않아'라는 말을 듣기 싫어서 당장 당신의 캐릭터를 쉽사리 바꾸지 못한다면, 며칠 아니 몇 달이 걸리더라도 새로운 캐릭터를 구축해보자. 가상의 캐릭터는 자신이 원하는 대로 쉽게 바꿀 수 있지 않은가? 당신도 당신이 원하는 캐릭터처럼 바꾸고, 그 캐릭터를 유지하도록 힘써보자.

물론 처음엔 어색할 것이다. 마치 가상공간 속 새 캐릭터를 조종하는 것처럼. '마이그레이션migration'이라는 IT 용어가 있다. 기존 운용체계에서 더 나은 운영체계로 옮겨가는 과정인데, 단순한 업데이트를 넘어 하드웨어나 소프트웨어 모두 다른 환경으로 바꾸는 것을 말한다. 안드로이드 핸드폰을 쓰다가 아이폰을 쓰는 일 또는 그 반대를 생각하면 쉽다.

당신의 인생에도 마이그레이션 같은 전환점이 필요하다. 이는 물론 어색하고 불편한 과정이다. 그러나 이 과정을 넘어 완전히 적응한다면 그 이전으로 돌아가는 것이 더 힘들 정도로 변화에

익숙해질 수 있다. 그러나 더 늦기 전에 당신이 옳다고 생각하는 것을, 그리고 당신이 할 수 있는 일을 해라. 당신은 어린아이가 아니다. 언제까지 철부지처럼 굴 것인가. 지금 당장 당신이 옳다고 생각하는 것을 해보며 살자. 먼 훗날, 삶을 돌아봤을 때, 왜 그랬을까 하는 자책보다 그때 왜 그러지 못했을까 하는 원망이 더 괴로울 테니까 말이다.

생각과 행동과 습관이 모인 것이 바로 당신이다. 옳다고 여기는 생각대로 행동한다면, 해야 한다고 느끼는 일을 한다면, 성공할 것이고 잘될 수밖에 없다.

자기계발서를 읽으면 무슨 생각이 드는가? '그거 뻔한 이야기 아닌가'라는 생각이 들 것이다. 하지만 그러는 당신은 왜 아직 그렇게 되지 못했는가? 머릿속으로는 알지만 하기 귀찮아하거나, 때론 미뤄서 그런 게 아닌가? '언젠간 하겠지'라는 생각, '내가 안 해서 그렇지 시작하게 되면 금방 할 수 있다고!'라고 아직도 자기 합리화하고 있는가? 그렇다면 금방 할 수 있다고 생각한 그 행동양식대로 지금 행동해보자! 그렇다면 당신은 당신의 꿈을 이루며 사는 것일 것이다.

정 안 되면 그냥 몸을 움직여보자. 집에서 시간이 지나가길 바라는 것은 삶의 일부를 포기하는 것이다. 물론 나도 때론 고즈넉한 절에 가서 템플 스테이를 하거나, 바다를 보며 멍하니 시간을 보내기도 한다. 하지만 집에만 있으면 딱 그 세상, 그 멈춰 있는 그 시간이 당신의 삶이 될 것이다.

그게 아니라면, 혹시라도 자기 자신의 환경이나 삶은 당연히 성공할 수 없다고 여기며, 실패와 불행을 입증하려 애쓰는 건 아닐까 진지하게 생각해볼 필요가 있다.

실패가 어찌 두렵지 않겠는가? 하지만 두렵더라도 실패를 수용해보는 건 어떨까. 경험에 어떠한 의미를 부여하느냐에 따라 값진 실패가 될 수 있다. 의미 없는 성공보다는 값진 실패가 더 좋은 가치를 제공할 수 있다. 꽃에는 햇빛만 필요한 것이 아니라 비바람도 필요하다.

'조삼모사'라는 사자성어는 결과가 같음에도 눈앞에 보이는 차이에 현혹되는 어리석음을 가리키는데, 내 생각에 인생은 조삼모사가 아니다. 기다린다고 해서 저녁에 사과 4개를 받지 못할 수도 있다.

당부 한 가지 더. 반드시 당신이 할 수 있는 일을 해라. 언제는 뭐든지 다 할 수 있을 것처럼 말하고서는 이제는 뭐? 할 수 있는 일을 하라고? 이건 또 무슨 말인가?

'할 수 있다'는 것은 당신의 의지와 신체로 무언가 노력하고 도전하는 것을 말한다. 그런데 '결과'는 어떤가? 결과를 당신이 결정할 수 있을까? 할 수 없다고 나는 생각한다.

그러니 당신이 할 수 있는 일에 집중하고, 결과를 결정하는 일은 타인에게 맡기자. 시험이건, 면접이건, 인간관계이건 마찬가지다. 당신이 할 수 있는 범위에서 최선을 다하고, 결과는 타인에게 맡긴다. 행위와 결과를 모두 결정할 수 있다는 믿는 것은 망상이다. 이제라도 정신 차리자. 낭만적인 생각에 빠지기에는 당신이 갈 길이 아직 많이 남았다. 도착지를 앞에 두고 마음 편히 쉬는 것, 언제 도착할지도 모르고 나중에 부랴부랴 서두르는 것을 나는 싫어한다.

나는 《이솝우화》에 나오는 '토끼와 거북이' 이야기를 좋아한다. 당신이 토끼라면 좋겠지만, 거북이라면 거북이만이 할 수 있는 일을 해야 한다.

부자가 되고 싶다며, 꿈을 실현하고 싶다며 '○○억 원대 자산가가 되겠다'는 말을 매일매일 빼곡하게 노트에 적어가는 사람도 봤다. 종이 낭비일 뿐이다. 그럴 시간에 당신이 할 일에 집중하라.

결과를 결정할 수 없다고 하더라도, 당신이 할 일을 하면 성공 확률을 거의 99%까지 끌어올릴 수 있다. 나는 그런 방법으로 내가 바라는 결과를 최대한 이끌어냈다. 내가 하는 일이 바로 그런 일이다. 당신이 결과까지 정하려고 한다면 신은 무직자가 될 것이다. 신의 역할을 침범하지는 말자. 더 늦기 전에 당신이 옳다고 생각하는 것을, 그리고 당신이 할 수 있는 일을 해라.

새옹지마는 사실이었다

지금 죽고 싶을 만큼 힘들다면, 무책임하게 들릴 수 있겠지만, 우선 버텨봐라. 내가 이 자리까지 온 것은 정말 많은 것을 버텼기 때문이다.

앞에서 이야기했지만 나는 주가 폭락을 여러 번 겪었다. 상장

폐지도 숱하게 당했다. 월급으로 재차 주식에 투자하면 또 손실이 나곤 했다. 1억 원의 손실만으로도 너무 무기력해져서 살아갈 동기를 잃은 적도 있다. 지금은 증시 상황상 하루에 몇억 원, 아니 10억 원의 평가손실이 날 때도 있지만, 버틸 수 있다. 그러다 보면 희망이 찾아오기 때문이다.

오해는 하지 마라. 버틴다고 해서 모두 원금을 회수할 수 있는 건 아니다. 잠깐의 시련은 이 꽉 깨물고 버티다 보면 결국 빛을 볼 수 있다고 이야기하고 싶다.

버티고 이겨낸 후에는 나가떨어진 경쟁자들이 내려놓은 것을 가져갈 수 있다. 그러니 버티면 된다.

떠나는 사람들은 확신이 없어 버틸 수 없기 때문이다. 그러기에 나는 자기 확신을 계속 강조한다. 자기 확신을 정말 확실하게 굳히기 위해선 최선을 다해야 한다.

한때 힘들었을 때, 여의도 부근에서 살면서 63빌딩을 돌며 새벽 조깅을 했다. 그때 한창 63빌딩에 입주한 증권사 면접이 진행되던 터라, 최종 합격하길 간절히 바란 적이 있었다. 요즘 가끔 오픈카로 여의도 한강을 달릴 때, 그때를 회상하며 미소를 짓는다.

나는 새옹지마塞翁之馬라는 사자성어를 가장 좋아한다. 앞으로 인생이 어떻게 펼쳐질지 아무도 모른다. 그러니 지금 힘들다고 포기하지 마라.

나는 주식으로 억대 빚을 졌지만 증권사에 입성할 수 있었고, 이직하려는 곳에 입사하지 못하게 되었지만 여러 도움으로 회사를 창립하게 되었으며, 코로나19 팬데믹으로 회사가 자본잠식 상태였지만 버티다 보니 전 세계 증시 호황 덕분에 100억 원대 부자가 되었다.

힘들다고 포기하는 순간 당신은 앞으로 가질 수 있는 것을 놓치게 된다. 보잘것없다고 여기고, 낙담할 당신의 인생 앞에 무엇이 펼쳐질지 누가 알겠는가?

어떠한 삶이 주어졌다고 생각하든, 당신의 태도와 행동으로 삶을 언제든지 바꿀 수 있다. 불가능할 것 같은가? 우선 해보기라도 하고 불평해라.

원치 않는 상황은 대부분 당신의 의지와는 상관없이 벌어지는 경우가 있다. 그러나 거기서 상황을 한탄하고 원인만 찾아서는 안 된다. 상황은 당신이 초래한 것은 아니지만, 대처법은 당신이 선택할 수 있다. 조금 더 나은 상황으로 만드는 재미를 여러 가지 에피소드로 바꿔나가보자.

Just Do!

중국 최초이자 최대의 온라인 전자 상거래 플랫폼 기업 알리바바 그룹의 창업자 겸 초대 회장 마윈이 말한 유명한 이야기가 있다.

세상에서 가장 같이 일하기 힘든 사람은 가난한 사람들이다.

자유를 주면 함정이라고 얘기하고, 작은 비즈니스를 얘기하면 돈을 별로 못 번다고 얘기하고, 큰 비즈니스를 얘기하면 돈이 없다고 하고, 새로운 것을 시도하자고 하면 경험이 없다고 하고, 전통적인 비즈니스라고 하면 어렵다고 하고, 새로운 비즈니스 모델이라고 하면 다단계라고 하고, 상점을 같이 운영하자고 하면 자유가 없다고 하고, 새로운 사업을 시작하자고 하면 전문가가 없다고 한다.

그들에게는 공통점이 있다. 구글이나 포털에 물어보기를 좋아하고 희망이 없는 친구에게 의견 듣는 것을 좋아하고, 자신들은 대학교수보다 더 많은 생각을 하지만 정작 장님보다 더 적은 일을 한다.

마윈은 공통적인 한 가지 행동 때문에 가난한 사람들이 실패한다고 이야기했다. 바로 '기다리다가 끝난다'라는 것이다.

우리에게 필요한 건 어쩌면 완벽한 준비가 아니라 자기 확신이 필요한 것일 수 있다. 우리는 그 준비를 해야 한다. 자신에 대한 확신, 열심히 할 자신이 있고, 그렇게 살아왔다면 이젠 자신을 믿어주고 확신을 갖자.

어느 날 TV에서 우연히 UCLA대학교 심리학과 셸리 테일러 교수의 이야기를 들은 적이 있었다.

"사람들은 자신이 믿는 것에 대해 여러 번 확신하지만, 이런 믿음이 '착각'이라는 것을 알려주는 특정 뇌 부위는 존재하지 않습니다. 매우 흥미로운 일이죠."

맞는 말 같다. 무의식이 할 수 없다고 생각하는 순간, 우리의 뇌는 어떻게 해서든 핑계를 찾고, 결국 하지 못한다는 사실을 입증하기 때문이다.

동영상 사이트에서 'Just Do'를 검색하면 여러 영상이 나온다. 그중 베네딕트 컴버배치가 나오는 영상을 보길 바란다. 동영상 원문은 미국의 미술가 솔 르윗이 친구인 에바 헤세에게 쓴 편지로, '그만 좀 고민하고 걱정하고 제발 좀 해라!'라는 내용이다.

에바 헤세는 미국의 대표적인 미니멀리즘 미술가로 포스트 미니멀 아트 운동을 선도한 세계적인 조각가다. 그는 어머니의 자살과 아버지의 죽음, 남편과의 이혼 등으로 불안과 우울증을 달고 살았다. 그걸 옆에서 지켜본 친구이자 동료인 솔 르윗이 편지를 보낸 것이다.

그 내용 가운데 인상 깊었던 부분을 소개한다. 전체 영상도 꼭 한 번 보길 바란다.

멋있는 것에 대해 걱정하지 말고, 자신의 것을 멋있지 않게 만드세요. 당신만의 세상을 만들어보세요. 두렵다면, 그것이 당신에게 도움이 되도록 만드세요. 두려움과 불안을 그림으로 그리고 칠해보세요.

당신이 스스로 괴로워하고 있을지라도 당신이 하는 일은 훌륭합니다. 나쁜 짓을 해보세요. 당신이 생각할 수 있는 최악의 일을 하고 무슨 일이 일어나는지 지켜보세요. 당신은 세상에 대한 책임이 없습니다. 당신은 당신의 일에만 책임이 있습니다. 그러니 그렇게 하십시오.

자신의 능력을 믿어야 합니다. 당신이 할 수 있는 가장 터무니없는 일을 시도해보세요. 자신에게 충격을 주세요. 당신에게는 무엇이든 할 수 있는 능력이 있습니다.

혹시 도전해서 실패하면 어떡하냐고? 당신은 실패할까 봐 시작하지 못하는가? 진짜 실패는 아예 시작하지 못하는 것을 말한다. 시작했다가 실패하면 최소한 배움이라는 소중한 자산을 얻는다. 그리고 애당초 될 것 같으면, 그건 도전이 아니다. 최선을 다해 어려워 보이는 것을 해내는 것이 도전이기 때문이다. 확실한 건 도전을 하면서 당신이 얻어내거나 깨달을 그 무언가다.

'할 수 있는 사람'이라서 하는 것이 아니라, 하니까 '하는 사람'이 되는 것이다. 성공도 마찬가지다. 성공한 사람이라서 성공한 게 아니라, 하다 보니 성공을 했고, 성공한 사람이 되는 것이다.

2022년을 강타한 드라마 〈이상한 변호사 우영우〉 이야기를 빼놓을 수 없다. 3화에서 우영우의 아버지가 한 대사가 있다.

"성적 잘 받으려면 공부해. 살 빼려면 운동해. 대화하려면 노력해. 원래 방법은 뻔해. 해내는 게 어렵지."

맞다. 방법은 뻔하다. 해내는 게 어려운 것이다. 우리 이젠 그 어려운 걸 한번 해보는 건 어떨까?

시간 여행이 가능해서, 과거로 돌아간다면 무얼 하고 싶은가? 또는 지금의 당신이 20년 후 미래에서 왔다고 치면, 지금 당장 무얼 해야 한다고 생각하는가? 어차피 정답은 없다. 결과론적으로 당신이 한 선택을 성공시키는 것이 정답인 셈이다.

선택하지 않은 것에 대해 책임지고 감당해야 한다. 당신은 성공을 향한 도전을 하지 않은 대가에 대해 후회하지 않을 자신이 정말 있는가?

지금 거울 앞에 서서 당신을 바라보라. 눈앞에 있는 당신의 모습이 당신의 미래다. 아무것도 안 하면서 무슨 큰 변화를 기대하랴. 가만히 있는데도 변화하는 것은 늙어버린 피부뿐이다. 익숙함에 속아 소중한 걸 잊지 말아야 한다는 말이 있다. 나는 당신이 오랫동안 잊고 살아왔던 소중함을 다시 끌어올리고 싶다. '할 수 있다'는 생각이다. 그동안 우리는 미루고 미뤘던 성공, 성취감을 오랫동안 맛보지 못했고, 그게 당연하다는 듯 살았다. 마치 성공은 지금이 아니라 미래의 일이라고 약속이나 하듯 말이다. 하지만 그 약속은 야속하게도 영원히 미래에 있을 것이다.

당신은 지금이라도 성공을 향한 발걸음을 다시 '불러오기'해야 한다. 술집에 킵해둔 술도 오래 지나면 사라지는 법이다.

내가 간절히 바라면 온 우주가 날 도와준다고 하는데, 사실은 그렇지 않다. 이런 개수작에 속지 마라. 간절히 바란 만큼 간절히 행동해야 꿈이 이루어진다. 이젠 꿈에서 깨고 행동으로 옮겨야 할 시간이다.

이 챕터에 가장 많은 내용을 담고, 가장 마지막에 배치한 이유가 있다. 그 이유를 곰곰이 생각해보기 바란다.

4

마지막 비밀:
책 좀 그만 읽어라

지금까지 쉽게 이해하기 힘든 나의 말을 잘 따라왔다. 자! 마지막 비밀이다.

"당신은 이제 책을 그만 읽어야 한다."

대부분의 자기계발서에 당하는 가스라이팅에서 벗어나라. 책을 통해 지식을 쌓고 간접경험을 하는 데는 한계가 있다. 당신이 해야 할 것은 책을 읽으며 미래를 꿈꾸는 것이 아니라, 그 책을 덮고 당신의 미래를 위해 한 발짝 내딛는 것이다.

자기계발서 좀 읽었다 하는 사람이라면 알 것이다. 그 책이 그 책 같고, 읽을 때마다 동기부여가 되긴 하는데, 그 내용은 조금 다르게 표현되어 있을 뿐 같은 말이라는 사실을.

이렇게 말하고 싶다. 알면서 왜 또 책을 읽느냐고, 당신은 이제 책 좀 그만 읽고, 그 책에 나온 대로 실천해야 한다고!

당신은 이렇게 답할 것이다. 아직 내가 경험이 없고, 부족하기에 책에서 배움을 얻을 것이라고!

그러면 나는 다시 말할 것이다. 언제까지 배움만 얻을 것이냐고, 당신의 뇌를 데이터베이스화하지 말고, 이젠 사람답게 행동했으면 좋겠다고!

성공에 대한 성취감을 느껴봐야 하는데, 많은 이가 성공에 관련된 책을 읽은 것으로만 성취감만 느끼는 것이 현실이다. 당신이 그동안 성공이 잡힐 듯한데, 잡히지 않는다고 착각하고 있었다면, 이제 그만 깨달아야 한다.

당신이 청춘이라면 당신이 꿈을 실현할 시간은 많이 남아 있지 않다고 다시 한번 강조하고 싶다. 물론 환갑이 넘은 할아버지가 세운 세계적인 햄버거 프랜차이즈 사례를 들고 나와 반박할 사람이 분명 있을 것이다.

하지만 정신 차려라. 그 가능성은 70억분의 1이다. 그나마 현시대에 살 때를 기준으로 확률이 70억분의 1인 것이다. 참고로 로또 1장으로 1등에 당첨될 확률은 800만분의 1 수준이다.

이제 좀 정신이 드는가? 로또 1등 되는 것도 화제가 될 만큼 확률이 희박한데, 그 가능성보다 수백 배 훨씬 더 희박한 확률이다.

그래서 이제 자기계발서에서 주는 위안과 힐링 속에 빠져 안전한 이불 안에 머물지 말고, 위험하더라도 이불 밖으로 나와야 한다. 나는 말을 잘하고 책을 잘 써서 부자가 된 것이 아니라, 실제로 바닥보다 더 낮은 지하에서부터 올라와 부자가 되었다. 그럴싸한 말로 독자를 현혹하는 무책임한 내용은 쓰기 싫었다. 제발 내 독자들만큼은 자기계발서만 보면서 착각에 빠지지 않았으면 하고 바란다.

결국 당신이 성공할 수 있는 방법은 딱 한 가지다. 생각만 하지 말고 직접 실행하는 것. 그것 말곤 없다.

차라리 글을 써봐라. 당신도 마음이 답답하거나 누군가와 대화하고 싶을 때가 있지 않은가? 그때 글을 써보면 마치 가장 친한 친구에게 마음을 털어놓는 것 같은 위로를 받을 수 있다. 우리가 무언가 호소할 때 솔루션을 얻기 위한 것이 아니라 그냥 들어주길 바라는 마음처럼 말이다. 글쓰기란 그런 것이다. 심리상담사를 찾아갈 필요도 없고, 누군가에게 내 마음을 들킬까 봐 마음 졸일 필요도 없다. 글쓰기는 당신의 이야기를 스스로 듣고 함께 위로해주는 가장 안전한 위로가 될 수 있다.

그럼에도 아직도 책이나 읽으면서 머뭇거리고 재고 있다면 정말 절실한지 다시 한번 생각해보길 바란다. 남들이 성공으로 향해 가기 때문에, 절실한 척이라도 한 것인지.

당신을 부자로 만들어주는 자동 수익 같은 건 없다

유튜브나 전자책으로 가만히 앉아서 돈을 벌 수 있을 것 같은가? 결국 사람들의 눈과 귀를 현혹해야 가능한 일이다. 정말 자신 있는 것이 아니라면 괜한 허상에 힘 빼지 마라.

설사 당신이 유튜브 채널이나 책을 한두 번 성공시킨다 하더라도, 그 콘텐츠가 계속 소비되려면 계속 활동해야 한다. 그렇지 않으면 다른 누군가의 새로운 콘텐츠에 밀려날 수밖에 없기 때문이다.

영원한 자동 수익은 많지 않다. 자동적으로 돈을 버는 일은 없지만, 마치 그런 것처럼 허위 광고를 할 뿐이다. 심지어 건물주도

건물을 관리하고 임차인들과 소통해야 한다. 주식 투자도 역시 경제 흐름을 놓치지 않고 기업의 악재를 수시로 주시해야 한다.

사실 이런 반자동 수익을 자동 수익으로 이야기한다는 것은 공무원이 출근만 하면 평생 돈을 번다는 것과 다를 바 없다.

당연하게도, 나 역시 독자 여러분의 인생을 책임지지 못한다. 난 이 책에 담긴 이야기만이 옳다고 가스라이팅하고 싶지 않다. 무엇이든 독자들의 자유의지로 판단했으면 한다. 그러니 이젠 책 좀 그만 읽고 제발 움직여라.

상황이란 늘 달라지기 마련이기에, 나는 여러분이 책을 읽고 그대로 따라 하기보다는 그 내용을 본인 삶에 적용할 때 커닝 페이퍼 정도로 활용해주길 바란다. 당연하지만 커닝을 한다고 해서 그게 답이 되는 것은 아니다.

물론 나도 책을 찾을 때가 당연히 있다. 아니, 많다. 책을 맹신하지 않을 뿐이다. 나는 심리적으로 힘들 때, 친구들에게 이야기해도 비슷비슷한 답변이 돌아올 것 같은 예감이 들 때, 복잡하게 고민하기보다는 편하게 힐링하고 싶을 때 책을 찾는다. 또 책을 통해 심리 치료를 받는다.

정신과 의사나 심리 상담사도 사실 알고 있다. 자신들은 길은 알려줄 수 있지만, 그 길을 걸어야 하는 건 내담자 자신뿐이라는 것을. 무조건적으로 동의해주는 상담사가 아닌 자기 자신과 직접 이야기를 나누고 스스로 그 실마리를 풀고 행동으로 옮겨야만 한다.

스스로 해결하기 어려울 때는 물론 전문가를 찾아야겠지만,

그 전에 책을 보고 스스로 해보자. 단, 그 책이 모든 것을 해결해 줄 것이라는 착각에 빠지지 말아야 한다.

내 말을 조금 빨리 이해한 사람이라면 당장 내일, 아니 오늘 이 책을 덮고 뭘 할지 생각하고 바로 실행에 나설 것이다. 이제는 움직여야 한다.

인생은 필기가 아닌 실기다. 다이어트 책만 본다고 다이어트가 되는 것은 아니다. 당신이 허황된 꿈만 꾸는 사람이 아니라 도전함으로써 꿈을 이루는 사람이 되었으면 하는 바람으로 이 책을 마친다.

이 책을 끝으로 이제는 꿈을 꾸지만, 그것이 이루어지지 않는다고 하는 이들을 안타깝게 생각하지 않을 것이다. 이 책을 끝까지 읽었다면, 당신은 분명 인생을 바꿀 기회를 얻었다고 생각한다. 그럼에도 그걸 이대로 흘려버릴 것인가?

당신이 똑똑하고 영리하다고 생각하면, 보여줘라. 당신은 기회를 잡았으며, 성공할 수 있는 사람이라는 것을.

5

아직 못다 한 이야기

아직도 전하고 싶은 말이 많다. 내가 살아오면서 직접 깨닫고, 자식들에게만 알려주고 싶은 주관적인 삶의 비밀이다. 여러 번 읽는다면 분명 도움이 될 것이다.

믿어봐라. 평생 이리저리 치이고 성공한 후에 깨달은 바를 몇 마디로 압축해놓았으니, 가장 가성비 있는 내용일 것이다.

이 몇 마디, 핵심적 진리를 군더더기 없이 그대로 전달하고 싶다. 당신에게 의미 있는 울림이 되었으면 좋겠다.

나 역시 스스로를 위해 여러 번 읽는 내용이고, 여러분의 삶에도 도움이 되길 바라는 마음으로 썼으니 꼭 읽어주길 바란다.

나를 위해, 그리고 당신을 위해, 당신이 함께하고 싶은 그들을 위해.

상대도 나를 부러워한다

당신이 지금 부러워하는 사람이 있을 것이다. 그러나 그 상대도 누군가를 부러워한다. 부러워하지 않는다면, 그건 그저 외면이다.

사람들은 때로 상대방의 자리를 탐내기도 한다.

빈자는 부자이기를, 부자는 빈자이기를

어른은 애들이기를. 애들은 어른이기를

서로 상대의 포지션을 부러워할 때가 있다. 아마 누군가는 당신의 나이, 환경, 기타 외에 다른 재능을 부러워할 수 있다.
너무 자기 자신을 낮춰 생각할 필요 없다.

더 큰 일에 신경 써라

당신의 삶 어딘가로 시간을 돌려보자. 지금 그 흐릿한 시간 속의 고민거리, 신경 쓸 거리가 지금 내 삶에 큰 영향을 미치고 있는가? 아니면, 그냥 지나갈 만한 일이었나?
살다 보니 인생이라는 큰 흐름 속에서 정말 고민해야 하고 신경 써야 할 것이 무엇인지 깨닫는 날이 오는 것 같다. 당신에게도 그럴 것이다.
작은 일 하나하나 신경 쓰는 것이 나쁜 일은 아니지만, 그보다 더 큰 흐름에 신경 쓰고 고민하는 것이 훨씬 더 나은 선택이란 사실을 곧 알게 될 것이다.

모두가 자기 이야기를 하고 싶어 한다

사람들은 자기 이야기를 하면서 스스로의 가치를 인식하고, 자존감도 충전한다.

　당신이 상대방 이야기에 귀를 기울일 때 상대방은 당신을 소중하게 느낄 것이다. 상대방에게 말할 기회와 자존감을 충전할 기회를 줘라. 단, 당신을 희생해 가면서까지 기회를 줄 필요는 없다.

호스트의 마음가짐으로 임하자

호스트의 마음으로 임하면 어느 모임이든 좀 더 재미있어질 것이다.

　구석 자리에 앉아 상대방 말에 동의만 하다가 끝나는 모임이 있을 것이다. 앞에서 이야기한 '상대방의 말을 들어줘라'와 대조되는 말이라고 생각할 수 있겠지만, 말을 한마디도 하지 않고 상대방 말만 들으라는 이야기는 아니다.

　누군가 이끌어주길 기다리지 말고 내가 주인공이란 생각으로 임한다면 모임이 다르게 느껴질 것이다.

　비슷한 방식으로 삶에 임하다 보면 주체적인 삶을 살게 될 것이고, 삶은 더 활기차고 긍정적으로 변한다.

　자, 오늘의 연사는 바로 당신이다. 멋진 대화를 미리 준비해 보자. 설사 준비한 연설을 하지 못하더라도, 연습만으로도 자존감이 높아지고 언젠가 활용할 수 있는 옵션 하나가 더 생긴 것이니.

당신이 심리 상담사가 되어라

마치 심리 상담사가 자신의 직업인 것처럼 사람들을 더 세심히 관찰하고 배려해주자. 그러면 인간관계에 도움이 된다.

인간관계에 자신이 없거나 부족함을 느낄 때가 있다. 그럴 때는 당신이 심리 상담가라는 생각으로 접근해보자. 그리고 상대방의 고민을 들어주고 고민을 해결할 방법을 함께 생각해보자. 그러면 인간관계가 조금 더 수월하게 풀릴 것이다.

자신에게 고치고 싶은 나쁜 습관이나 강박증이 있다면, 자신을 타인으로 생각하고 바라보라. 우스워 보이는가? 금방 고칠 수 있을 것 같은가? 왜 그런 한심한 행동을 하는 것인가?

해결책이 떠오른다면 그 솔루션을 자신에게 이야기해보고 행동을 바꿔 나가본다. 마치 당신이 심리 상담사로서 처방해주듯이 말이다.

꿈을 꺾을 것인가, 키워줄 것인가?

선택해라! 당신도 타인의 말로 성장한 적이 있지 않은가?

당신의 말 한마디로 상대방의 꿈을 이뤄지게 할 수도 있고, 꺾을 수 있다면, 이뤄지게 하라. 당신의 따뜻한 한마디로 그가 성공한다면, 당신도 함께 성공한 것이 된다.

불만이나 짜증을 이야기하지 마라

문제의식을 드러내는 것을 똑똑함이나 합리성으로 포장하지 말자. 짜증을 내는 목소리가 들리는 순간 상대방은 당신과 함께 있는 것을 불편하게 여길 것이다.

아무리 남의 이야기라도 불만을 들으면 기분이 나빠진다. 그 이야기가 끝나길 바라며 불만을 토로하는 상대방을 위로하지만, 인격적으로 성숙하지 않은 당신과 오랜 기간 알고 지내고 싶진 않을 것이다.

그럼에도 불만이 계속 떠오르거나 짜증이 날 때는 양해를 구하고 먼저 일어나라. 불만을 이야기하는 것보다는 그 자리를 피하는 것이 훨씬 더 나을 것이다.

불만과 짜증은 상대방에게 전하지 마라. 그것은 불법이다. 또 자기 자신에 대한 연민에 빠져 타인에게 듣기 지루한 이야기를 멈춰라. 상대방에 대한 무례다.

불만이나 짜증뿐 아니라, 당신의 상황에 대해 조언을 구한다는 이유로 혹은 위로받기 위해 누군가에게 하소연하는 행위는 자신 삶의 핸들을 타인에게 맡기는 것과 다를 바 없다. 또 당신의 부정 바이러스를 타인에게 옮기는 행위다. 타인에게 부정을 감염시키는 동시에 더 큰 부정 바이러스를 키우는 것이다.

성숙함의 즐거움을 아는가?

말이나 행동을 하면서도 당신의 성숙함을 스스로 느낄 때 느끼는 행복은 당신을 한 단계 성장시킬 것이다. 거기에서 비롯된 감정은 돈으로 살 수 없다.

하고 싶은 대로 하며 편히 사는 것도 좋지만, 때론 절제하며 성숙함의 즐거움을 누려보자.

조금 더 성숙한 말과 행동을 할 때 느껴지는 즐거움은 당신의 품격을 높여줄 뿐만 아니라, 기분까지 짜릿하게 만들 것이다.

어차피 다 지나갈 일이다

창문에 새가 똥을 갈겨놓고 간 것 같다. 손이 닿지도 않는 애매한 공간이다. 그런데 이것은 내 잘못으로 인해 벌어진 일일까?

24시간 창문을 지키며 새를 쫓아내야 할까? 아무리 애쓴다고 하더라도 막기가 어려운 일이다. 창문을 볼 때마다 화가 나지만, 그렇다고 자신이나 주변 환경을 탓할 수는 없다.

새똥 자국에 익숙해질 때쯤 비가 왔다. 말끔하다고는 할 수 없지만, 어쨌든 얼룩은 지워졌다.

우리의 마음도 같은 이치로 돌아가지 않을까? 시간이 지나면 해결된다. 자국이 흐릿하게 남지만, 결국 다 옅어질 것이다. 결국 당신의 고민도 상처도 지나가며 다 사라질 것이다.

배움을 놓치기 전에

배우고 싶은 것이 생기면 미루지 말고 기회가 되는 족족 배워두자. 더 늦기 전에 머릿속을 지식으로 채우자. 물론 나이가 들어도 지식을 채워야 한다. 하지만 인지 기능이 점차 퇴화하기에 같은 것을 배우는 데도 더 많은 시간과 노력이 필요하다. 몸이 기억할 만큼 더 일찍, 더 많은 것을 배워보자.

가성비를 좋아하는가?

왜 인생에는 가성비를 적용하지 않는가?

인생을 아끼고 정말 알차게 쓰자. 그게 무엇이든 허투루 보내지 말자. 노인은 우리 청춘의 삶이 얼마나 부러울까? 놓쳐버린, 그리고 다시 돌아가고 싶은 그 귀중한 시간을 우리가 허투루 보내고 있다면 뭐라고 할까? 당신이 노인이 되었을 때 지금 당신에게 어떤 조언을 할 것 같은가?

아침에 일어났을 때 생각할 한 가지

오늘 하루를 어떻게 살지, 자신만의 명언 혹은 문구를 선정해 그것을 곱씹어보자. 아니면 오늘 무조건 할 것 혹은 고칠 것을 되새기며 실천해보자.

자랑을 하고 싶을 때

사람들은 자신의 우월함을 상대방에게 내보이고 싶어 한다. 흔히 말하는 '자랑'이다.

그래서 자신은 가치가 높은 존재이며, 나와 함께 있는 당신은 그 사실을 똑똑히 알아야 한다고 상대방에게 알리고 싶어 한다.

하지만 의도와 달리 상대방은 당신의 자랑에 관심이 없다. 때론 자랑하는 사람 자체를 하찮게 보는 경우가 있으니 주의해야 한다. 잘난 사람은 그 자체로 눈부시다. 하지만 거기에 자랑까지 가미되면 상대방은 너무 눈부셔서 눈살을 찌푸릴 수밖에 없다.

머릿속에서 무언가가 떠나지 않을 때

그 순간은 지나가도록 정해져 있고 잊힐 권리가 있는데, 왜 난 그것을 인정하지 않고 구태여 힘들게 살아갈까. 기다려라. 자연스럽게 지나갈 것이다.

당신이 하는 가장 큰 실수 중 하나는 '실수를 할까 두려워하는 것'이다. 혹시 괴롭거나 힘들어서 털어놓으려고 하는가?

이건 독자 여러분에게만 말해주는 것이다. 사실 당신을 괴롭

히는 불안과 우울은 대부분 당신의 상상에서 시작되었다. 이제
는 생각만 하지 말고 행동으로 옮겨야 할 때다.

잠시 수비수로 포지션을 바꿔보면?

'항상 열심히, 항상 적극적으로 살아가라'는 이야기를 오해해선
안 된다. 상대방에게 부담을 주며 다가가라는 것으로 해석해서
는 안 된다. 때로는 상대를 품어줄 때 당신이 빛날 수 있다. 매력
도는 자기자본이다.

　그것은 무형자산이기에 늘리는 것은 본인이 하기에 달렸다.
비용을 얼마나 자본화할 것인가. 얼마나 많은 노력을 기울여 나
를 더 멋지게 만들 것인가.

에필로그

60대에 하고 싶은 일을 다 이루어 1,000억 자산가가 되었다고 치자. 그때 청춘으로 돌아갈 수 있다면 얼마나 지불할 것 같은가? 각자 생각해보자.

각자가 생각한 비싼 값을 주고 돌아가고 싶은 시기.
바로 지금이다.
누군가는 평생 모은 돈을 다 주고서라도 가고 싶은 그 시기.
누군가는 계속 공부만 하고,
누군가는 나처럼 돈만 모으고,
누군가는 연애만 했을 것이다.

인생의 사이클을 다 돌고, 다시 태어난 것처럼 살아보자.
지금 당장 뭘 해야 할까?

어린 시절, 신문에 나오는 숨은그림찾기를 좋아했다. 숨은 그림을 찾아냈을 때 느끼는 희열, 그리고 시간을 때울 수 있는 것이 좋았다.

이제 성인이 된 우리는 다시 숨은그림찾기를 해야 한다. 자신의 삶에서 숨은 긍정을 발견할 것인가, 숨은 부정을 발견할 것인가? 나는 긍정과 부정 어느 범주에 있는 사람일까?

지금부터 기억해둬라.

당신 자신이 정답이다.

다른 이들에게서 정답을 찾지 말자.

이 책을 끝까지 읽은 당신 자신이 정답이다.

제발 다른 데 가서 찾지 마라.

그들은 당신의 단면만 보고 판단하는 사람들이다.

당신의 서사를 가장 잘 알고 이해할 수 있는 동반자는 당신 본인이다. 그러니 군맹무상群盲撫象처럼 말하는 다른 사람의 답을 듣지 말고, 당신 자신만이 아는 해답으로 살아가자. 당신이 살아가면서 만족시킬 단 한 사람은 오직 당신뿐이다.

어차피 인생은 휘발성이고 영원하지 않다. 어쩌면 우리는 아주 긴 꿈을 꾸고 있는 걸지도 모르겠다. 태어나면서 꿈을 꾸기 시작하고, 죽으면서 꿈을 깨는 것처럼 말이다. 그 긴 꿈속에서 당신의 꿈을 실현해보는 건 어떨까?

우물쭈물하다가 놓치지 말고, 한 번 사는 인생 까짓것 도전해봤으면 좋겠다. 40년 넘게 살다 보니 인생이 정말 길지 않다는 걸 실감한다. 이상은의 노래 〈언젠가는〉의 가사처럼 젊은 날엔 젊음을 모를 수 있다. 지금이야 '나중에'라는 기회가 자주 찾아오긴 하지만, 언젠가는 영원히 찾아오지 않을 수 있다.

명심하자.

부록: IPO·공모주에 투자하기

이 책은 현란한 투자 기술을 알려주는 책이 아니기에, 방대한 노하우를 담을 수는 없다. 그러므로 꼭 필요한 몇 가지만 집어서 이야기하고자 한다.

IPO · 공모주란?

비상장 기업이 증권시장에서 회사의 발행주식을 거래할 수 있도록 하는 것을 IPOInitial Public Offering라고 한다. '기업공개'라고 할 수 있다. 기업의 정보를 대중에게 투명하게 공개해 자본시장에서 거래될 수 있게 한다는 뜻이다.

그럼 왜 IPO를 하는 것일까? 여러 이유가 있다. 하나는 공모 행위를 통해 자금을 조달해 신사업 등 회사의 발전을 도모하기 위해서이고, 또 하나는 기존 주주들이 매각 혹은 엑시트exit하기 위해서(공모 시 구주 매출이 이에 해당)이다. 물론 두 번째 매각 혹은 엑시트를 하기 위해 상장하는 경우에도 대외적인 명분은 회사의 성장과 발전을 위해 IPO를 한다.

이외에도 홍보 효과를 얻기 위해서 하는 경우도 있다. 상장이 되어 있기에, 주식투자자 사이에 그 회사 이름이 계속 오르내리면서 자연스레 홍보 효과를 누릴 것이고, 인재 확보 면에서도 비상장 기업보다는 상장회사를 더 선호하기에 여러모로 장점이 있다.

반면 기업을 투명하게 공개하는 과정에서 비용이 발생하고, 상장 후에도 유지 시 IR(투자 설명회) 활동 등 비용이 발생한다. 주가가 떨어지면 당연히 주식 담당자는 주주들의 화풀이 대상이 되곤 한다. 나 역시 그런 곤욕을 치른 적이 많다.

어떻게 투자해야 하나?

공모주에 참여하려면 어떻게 해야 할까? 우선 어떤 종목이 있는지 파악하는 게 필요하다. 정확한 일정은 금융감독원 전자공시 시스템에서 지분 증권 등의 항목에서 확인하면 좋다. 혹은 내가 기관 투자자에게 실시간으로 여러 정보를 제공하는 텔레그램 채널(https://t.me/KoreaIB)을 봐도 좋다.

참고로 위 텔레그램 채널은 앞서 이야기한 바 있지만, 만 7년 정도 새벽(6~7시경)부터 IPO 업계 모든 사람의 잠을 깨우는 유명한 채널이다.

개인 투자자에게는 청약 일정이 중요하다. 수요 예측은 기관 투자자로부터 그 공모주의 가격이 어느 정도여야 적당한지 수요를 조사하고 예측해서 공모가를 결정하는 단계이고, 청약은 수요 예측에 참여한 기관 투자자와 일반(일반 법인 및 개인) 투자자가 참여하는 일정이다.

청약 일정만큼 중요한 것이 환불일이다. 청약 후 언제 환불하는지에 따라 다른 공모주에 참여할 수 있을지가 결정되기 때문이다. 만약 겹친다면 선택해야 한다. 두 공모주 모두 반씩 참여하든지, 아니면 한 곳에 몰아서 투자할 것인지 말이다.

최근 균등 배분이라는 제도가 도입되었는데, 이는 일정한 최소 수량의 금액만큼 청약하면 최소 단위가 주어지는 제도다. 덕분에 예전에 비해 소량 배정 가능성이 상대적으로 커졌다.

내부자가 폭로하는 공모가의 비밀

물건을 팔 때 '1+1'으로 판매하거나, 정가 대비 50% 할인해 판매하는 경우가 있다. 때로는 터무니없는 정가인 것을 알면서도 눈감아주고, 할인 폭이 큰 물건을 사면서 자기합리화를 할 때도 있다.

공모주업계에서는 이런 일이 비일비재하다. 기본적으로 공모가 산출은 피어그룹 PeerGroup(유사 기업 혹은 동종 업계) 평균 대비 '어느 정도 할인율을 적용해 이 정도의 공모가를 산출했다'라고 이야기한다. 하지만 여기에 일반 투자자들이 모르는 트릭이 있다.

첫 번째 트릭은 피어그룹 대상군에 높은 기업 가치를 부여받고 있는 기업을 의도적으로 끼워 넣는 것이다. 일반적으로 투자 트렌드의 정점에 있는 기업의 가치가 높다. 한때 모 게임 회사의 유사 기업으로 월트 디즈니를 끼워 논란이 된 사례도 있었다. 결국 추후 증권 신고서를 정정하면서 월트 디즈니를 제외하고 공모가 상단으로 강행했으나 현재 기준으로 공모가 대비 약 3분의 1이 됐다. 와인 회사의 유사기업으로 LVMH 루이 비통을 넣어 논란이 된 적이 있다. 이런 사례는 대표적인 것이고, 일반적으로 이런 일은 참으로 비일비재하다.

이렇게 시장의 선택을 많이 받아 기업 가치가 높은 기업을 유사 회사 혹은 경쟁 회사로 올려놓으면 당연히 기업 가치가 높아질 수밖에 없다. 그 상황에서 어느 정도의 할인율을 부여해서 공모가격을 정한다고 말하지만, 사실상 가격을 올려놓고 착시 효과를 노리는 것과 비슷하다.

마치 명품 브랜드 제품이 1,000만 원이라고 할 때, 명품이 아닌 중저가 브랜드에서 비슷한 제품을 팔면서 "옆에 똑같은 제품은 900만 원이 정가인데 800만 원에 드릴게요"라고 하는 것과 같다.

뉴스 기사 내용도 맹신하지 말아야 한다. 언론사와 주관사, 발행사는 대부분 상생하는 관계이기에 서로 저격하는 일은 별로 없다.

두 번째 트릭은 적자 기업에서 많이 쓰이는 방식이다. 미래에 어느 정도의 이익이 예상되기에 그 이익을 "현재 가치로 어느 정도 할인했다. 그리고 거기에서 추가적으로 더 할인했다"라고 이야기하면서 미래 가치를 당겨 오는 것이다.

할인을 많이 해준다는데 뭐가 문제인가 싶기도 할 것이다. 그러나 이익 예상치는 일반적으로 발행사(IPO 기업)와 주관사가 정한다. 한마디로 발행사가 '우리 회사는 앞으로 이 정도의 이익을 내겠소' 하고 주장하는 것을 토대로 이 IPO를 주관하는 동시에 브로커인 주관사가 '객관적인 기준으로 봤을 때도 미래의 그 이익 예상치가 맞다'라면서 증권 신고서를 제출하는 것이다.

좀 더 쉽게 설명하자면 '우리가 앞으로 돈을 얼마큼 벌겠다'고 한 것을 바탕으로 밸류에이션이 정해진다고 볼 수 있다. 당신이 '올 한 해 주식 매매 수익을 얼마큼 올리겠다' 다짐하는 것과 '올해는 체중 감량을 얼마큼 하겠다' 하는 것보다 더 현실성이 떨어진다.

하지만 사실일 수도 있지 않을까? 실제로 10년 가까이 IPO IR을 하는 대표님과 만나고 지켜봤지만, 실제 이루어진 사례는 코로나19 팬데믹 동안 만났던 진단 키트업체와 마스크업체 두 곳밖에 기억나지 않는다.

지난 2023년 8월 상장한 모 업체는 작년 1,200억 원 이상의 매출을 달성할 것이라고 했지만, 8월에 상장하고 11월에 나온 분기 보고서에 따르면 2023년 2분기는 0.59억 원, 3분기는 3.2억 원을 달성했다. 물론 기적처럼 남은 시간에 약속대로 1,200억 원 이상을 달성할 수도 있겠지만, 가능성이 높은 것 같진 않다(이 글을 쓰고 몇 달 후 실적이 발표되었는데, 1,200억 원이라던 예상 매출액은 224억 원 수준이었다. 작년 1분기 매출액이 176억 원 수준이었으니, 2~4분기를 다 합쳐 매출액이 50억원도 안 되는 수준이었으며, 흑자로 전환한다는 가정 하에 공모가를 산정하였으나, 2023년 당기 순손실 550억 원을 기록했다).

실제 해당 기업은 2023년 11월 하한가를 기록한 바 있다.

우리 회사에서는 자문 고객사들에게는 수요 예측에 참여하지 말 것을 권했지만, 다른 투자회사에서는 수요 예측에 참여해 투자한 곳이 적지는 않았다.

IR을 할 때는 두 가지 유형의 대표를 만날 수 있다. 하나는 자신의 회사가 동종 업계 대비 매우 싸다며 기관 투자자에게 생색을 내는 부류이고, 하나는 자신의 회사가 너무 좋은 회사인데 시장이 잘 알아봐주지 못한다고 억울해하는 부류다.

결국 둘 다 회사가 싸다는 것을 어필하는 것이다. 당연한 이야기지만, 예외인 경우는 극히 드물다.

IR을 듣다 보면, 옆에 있는 기관 투자자 혹은 애널리스트가 내년 사업은 어떻게 될지, 내년 매출액은 어떻게 될지 사측에 물어보고, 그게 마치 정답인 것처럼 받아쓰기를 하고는 리포트에도 받아 적은 내용을 똑같이 기재하곤 한다.

하지만 그것은 그들의 목표치다. 사업을 하는 사람들은 누구나 그럴듯한 성공 플랜을 가지고 있다. 폐업을 하기 전까지는 말이다.

사업은 산수처럼 되는 것이 아니다. 투자도 마찬가지다. 이렇게 저렇게 해서 수주가 어떻고, 지금 어느 대기업과 이런 저런 이야기를 진행한다고 해서 꼭 성공으로 이어지지는 않는다.

사업에 수많은 변수가 있는데, 그 변수를 외부인이 파악하는 데는 한계가 있다. 그런 단순히 시나리오로 투자하기에는 리스크가 있다. 그러니 그들의 말을 맹목적으로 믿지 마라. 그렇게 계획대로만 성공해나간다고 하면, 똑똑한 사람은 모든 사업에 성공해야 하지 않은가?

업황과 그 기업의 오너 혹은 대표가 걸어온 길을 봐야 한다. 사람의 커리어를 보지 말고, 그 사람 자체를 보는 것을 추천한다.

그리고 상장일에 거래되는 유통 물량, 혹은 상장일에 구주(공모주가 아닌 IPO 전에 취득한 주식, 일반적으로 미리 투자하기에 주당 단가가 낮다)가 많으면 기관 투자자가 꺼리는데, 그럴 때마다 대표들이 이구동성으로 하는 이야기가 있다.

'기존 주주들은 오랜 지인이며, SI(전략적 투자자) 위치에 있어 협업 관계로 당장 차익 실현에 나서지 않을 예정으로 오래 보유할 것'이라는 호언장담이다.

하지만 돈 앞에 장사 없다. 투자 대비 몇 배에서 몇십 배에 달하는 투자 수익을 앞두고 묵묵히 가는 사람들이 많지 않다. 오히려 그들이 제일 먼저 시장에 물량을 내놓는 것을 종종 본다.

공모주 투자 게임보다 더 중요한 것

나는 공모주 시장에 가장 많은 시간을 할애하고 있고, 그 누구보다 많은 생각을 했다고 자부할 수 있다. 예전에 매거진에 기고한 바 있는 내용을 다시 한번 함께 생각해보고 싶다.

공모주 투자는 상대적으로 난이도가 낮은 투자로 인식되어왔다. 그러기에 정치권이나 관리 감독 기구에서는 공모주 투자 게임의 룰을 시대나 여론에 따라 자주 바꾸곤 한다.

몇 년 전만 해도 미국 등 선진국 정책에 맞춰 우리나라도 개인이 아닌 전문성을 갖춘 기관 투자자만을 대상으로 공모주 배정이 이루어지도록 하려는 움직임이 있었다.

그러나 SK바이오팜 등 전 국민이 참여하는 공모주 투자 게임 이후, 여론은 공모주 투자를 외인과 기관에만 유리하고 개인에게 기울어진 운동장이라는 프레임이 입혀졌다. 이런 열기와 기회를 포착해 정치권은 공모주 배정 수량의 10%를 개인이 더 가져가는 것으로 포퓰리즘 정책을 만들었다.

그동안 공모주 시장은 정치권에서 손쉽게 활용 할 수 있는 시장이었다. 하이일드 도입, 코스닥 벤처 펀드 도입, 균등 배분 도입, 일반 투자자 배정 확대 등 다른 시장을 살리기 위해 늘상 도움이 되는 아낌없이 주는 나무 같은 시장이었다. 안타까운 건 여야 할 것 없이 국회나 정치권은 이런 여론을 이용할 줄만 알지, 진정한 자본시장을 이끌려는 정책에는 관심이 없다는 사실이다.

정작 시장에서 필요한 건 공모주 배정 비율이 아니다. 기관, 개인 할 것 없이 증시 상장이 부실기업의 자금 모집 통로로 이용당하지 않는 것이 필요하다.

작년과 올해 유독 많은 기업에서 횡령이 일어나고, 점점 더 부실한 기업이 증시에 오르는 것으로 보인다.

상장사로는 최대 규모 횡령 사건인 오스템임플란트 사건만 보더라도 단일 횡령이 아닌 장기간 이루어진 횡령이었으며, 상장

사라는 타이틀로 많은 기관 투자자에게 투자를 받은 셀리버리도 방만한 경영으로 많은 투자자의 피눈물을 쏟아내게 했다.

이렇게 구멍가게에서나 일어날 내부 관리가 미비한 기업이 전 국민을 피해자로 만들 수 있는 증시에 상장하는 것보다 더 중요한 것은 상장 이후의 관리다. 아무리 화장실 들어가기 전과 들어간 후가 다르다고는 하지만, 돈이 오가는 증시에서는 유독 심함을 느낀다.

한국거래소에서는 매년 몇 건 상장이라는 목표를 세우고 그것을 달성하고자 한다. 초반에는 심사가 빡빡하지만, 연말로 갈수록 심사 승인이 많고 상장도 많이 이루어진다. 그래서 보통 연초보다는 연말로 갈수록 IPO 건수가 늘어나고, 연초에는 한두 건밖에 안 하는 스팩 상장도 연말로 갈수록 늘어난다.

상장이 부진한 해 가을에는 한국거래소가 공개적으로 상장을 유도하기도 한다. 평소 IPO를 잘 하지 않는 주관사들도 연말에는 스팩이라도 상장하는 경우를 잘 생각해보면 쉽게 이해될 것이다.

투자자들이 원하는 것은 건수에 급급한 상장이 아니다. 오히려 건수는 줄어들더라도 투자자들이 안심하고 투자할 만한 기업이 데뷔하는 투자 환경 조성이 더 필요하다.

어떻게 해서든 상장을 많이 할 수 있게 정책은 많이 나오고 있지만, 오히려 상장 이후에는 상장 유지 조건을 느슨하게 만드는 정책이 늘어나고 있다. 상장 이후에는 대놓고 손 놓고 있다는 느낌을 지울 수 없다.

심지어 수요 예측과 청약과 납입을 다 끝내고 상장일 직전에 사임한 CFO도 있고, 상장 후 며칠 뒤 바로 대표이사가 바로 바뀌는 경우도 수두룩하다. 오직 상장만 하면 된다는 생각이고, 규정이나 제도 등, 진심으로 투자자를 보호할 투자자 보호 정책이 보이지 않는다.

최대, 최다 등 다양한 타이틀이 많은 것은 좋다. 그러나 개인, 기관 할 것 없이 전 세계에서도 우리나라 증시를 디스카운트하지 않고 투자하기에 좋은 시장이라고 느껴야 한다. 그것은 투자자들이 개선할 수 없다. 그러나 관리 감독 기관과 정치권은 할 수 있다.

2023년 하반기, 공모주 시장에는 상장 당일 가격 변동 폭 확대라는 변수 외에도 사전 수요 조사·코너스톤 투자자 도입과 수요예측 기간 연장, 주금 납입 능력 확인 의무와 의무 보유 확약 물량 우선 배정 등 또 한번 공모주 시장의 변화가 예고되어 있다. 투자자 입장에서는 또다시 시장에 적응해야겠지만, 벌써부터 부작용을 느끼고 있다.

현재의 공모주 시장은 너무 혼탁해졌다. 기업 공부를 하면 할수록 수익이랑은 멀어지는 시장이 되었다. 우습게도 눈과 귀를 닫아야 수익을 창출할 수 있는 시장이라고 할 수 있다.

시작부터 모든 종목 가격이 공모가의 400%가 된다는 것은 주관사(증권사) 혹은 한국거래소, 유관기관과 기관투자자들이 기업가치를 터무니없이 낮게 산정하였다는 것을 말한다. 이 피해는 고스란히 향후 주식을 고점에 살 일반 투자자에게 전가될 것이다.

IPO시 기존 주식의 매출을 낼 때, VC(벤처캐피탈)나 기존 주주들을 도매업자, 기관투자자는 소매업자 정도로 칠 수 있다. 일반 투자자들은 장내에서 매수해 다시 또 높은 가격에 넘기고는 하는데(한마디로 폭탄 돌리기식 매매다) 점차 그 상승 폭이 줄어들 수밖에 없다. 결국 점차 시장에서 매수 심리가 약해지고, IPO 시장에 대한 불신이 늘어날 것이다.

이전까지 많은 종목에서 비정상적인 과한 호황을 맞이했다면, 앞으로는 좋은 종목도 제값을 못 받을 가능성이 높다. 이런 시장 영향에 급급해서 움직이는 것은 일반 투자자들이 장기적으로 증시와 IPO 시장에 등을 돌리도록 만들 것이다. 이런 상황에 정책 이야기를 빼놓을 수 없다.

소형 기관투자자들은 반드시 공모주를 받아야 하는 상황이라, 주어진 공모가 밴드를 벗어나 과도하게 높은 가격을 제시하며 수요 예측에 참여한다. 공모주 투자 모델에서 캐시카우의 상당 부분을 차지하는 소형 기관투자자 입장에서는 적정 가격을 써냈다가 배정받지 못하는 불상사를 피하려고 한다. 모두가 똑같이 높은 가격을 내는 '묻지 마' 투자는 경쟁을 과열시킨다. 수요 예측의 본래 취지는 적정한 공모가를 찾는 것인데, 촌극이 벌어지고 있는 것이다.

자금 납입 능력을 확인하려면 2,000 대 1까지 늘어난 경쟁률에 따른 주관사의 확인 작업이 필요하다. 그런 확인 절차는 2일 안에 할 수 없기에 5일로 늘린 것이다. 문제는 5일간의 수요 예측 기간 동안 대부분의 투자자들이 첫날에 참여한다는 것이다. 첫날에 공모주 배정 가점을 가장 많이 주기 때문이다.

이런 상황이니 수요 예측 3, 4일차에 진행되는 IR에 어느 누가 관심을 가지겠는가. 수요 예측을 2일에서 5일로 늘린다 한들 자신에게 주어질 공모주 몫을 놓치면서 기다릴 사람이 어디 있겠는가 말이다. 한마디로 기업에 대한 이해 없이 수요 예측이 진행되고 있다.

상장일에 공모가 가격변동폭이 260%에서 400%로 늘어나면 적정가를 찾아간다는 발상도 잘못되었다. 투자자들은 예전에 260%에서 멈추던 광기를 400%까지 늘렸다.

IPO 투자는 수요 예측부터 청약, 납입, 상장까지 일반 주식에 비하면 사이클이 있는 투자다. 교수님들만 모시고 정책을 짜지 말고, 현직자에게 자문 좀 구했으면 좋겠다. 공모주의 합리적 주가를 구한다는 취지로 도입했던 상장 당일 가격변동폭 확대(60~400%) 제도 때문에 현재 공모주 시장은 매우 혼란하다.

매년 변화하는 정책 공부 대신 이제는 온전히 기업을 분석하고 투자할 수 있는 시장이 오길 바란다. 마치 수능 공부 대신 수능 정책만 공부하는 시대가 아닌, 오직 실력으로만 진검 승부할 시대 말이다.

꼭 전하고 싶은 주식 투자 이야기

나는 당신이 주식 투자를 했으면 좋겠다. 그런데 돈이 없다고? 오히려 좋다. 큰돈으로는 시작하지 않았으면 좋겠다. 10년 동안

해지하지 못하는 적금 통장처럼 여유 자금으로만 주식 투자를 아주 소액으로라도 꼭 해봤으면 좋겠다.

소액으로 얼마나 큰돈을 벌겠는가? 하지만 당신이 주식을 함으로써 세상을 보는 시야가 넓어질 것이다. 아는 만큼 보일 것이다. 자동차의 어느 한 부품이 주목받으면 시장에서는 어느 회사로 자금이 몰리는지, 그리고 정부의 정책이 경제에 어떤 영향을 미치는지, 국제 정세는 또 어떻게 영향을 미치고, 달러, 엔화 등은 당신 삶에 어떤 변화를 줄 것인지 등을 간접적으로나마 살펴볼 수 있다. 당신이 그냥 무심코 흘려보냈던 뉴스 속 이야기의 퍼즐이 맞춰질 것이고, 연예인 이야기는 경제 이야기로 덮여 쓰일 것이다.

여기서 한 가지만 조심하라고 당부하겠다. 몇 번 우연히 주식 투자로 수익을 맛보았다 하더라도 절대 무리한 금액을 특히 한 종목에 몰아넣지 말라는 것이다. 맞는 말이라고 끄덕거리지만 말고, 다시 한번 머리에 되새기자.

한 종목에 올인해서 큰 수익을 거둘 수도 있고, 관심 있게 지켜보던 종목이 급등해서 마음이 쓰라릴 수도 있다. 그건 당신이나 나나 배 아픈 일이다.

그러나 투자는 정말 신중해야 한다. 몇 번의 연속된 수익을 절대 실력으로 착각하면 안 된다. 수익과 손실 비율 50:50 게임에서 우연하게도 몇 번 이겼을 뿐이다. 독자 여러분도 홀짝 게임을 하다가 몇 번 연속으로 이긴 적이 있지 않은가? 그러다가 한 번 잃으면 거기서 정신을 차리기는커녕 실패를 일시적으로 보고 강도를 더 높여 베팅한다.

여기서부터 문제가 발생한다. 벌 때는 소액으로 벌고, 잃을 땐 거액으로 잃을 수밖에 없다. 내가 그렇게 망했다.

그렇기에 나는 여러분들이 현명하게 주식 투자를 시작하고 유지해 세상을 보는 눈을 키웠으면 좋겠다. 그리고 반드시 소액으로 시작했으면 좋겠다.

투자할 때 반드시 필요한 세 가지

나만의 투자 3요소를 밝힌다.

첫 번째는 당연히 돈(시드 머니)이다.
두 번째는 당연히 실력이다.
세 번째는 시간이다.

돈과 실력만 중요하다고 흔히 이야기하지만, 투자의 마침표는 '시간'이 찍는다. 시드 머니는 말 그대로 씨앗이다. 씨앗을 심었을 때 바로 나무가 자라는 경우는 없다.

부동산이나 주식도 매한가지다. 사람들은 주식을 매수하고서는 오매불망 그것만 쳐다본다. 물론 주가가 오르면 매도하려는 경우도 있지만, 대부분 장기 투자라 말하면서, 사자마자 엑시트할 때를 기다리면서 시간을 보낸다.

하지만 시시각각 좋은 타점만 잡을 수는 없다. 그래서 무르익을 때까지 기다려야 한다.

시간적 여유가 없으면 마음이 급해진다. 폐장 시간을 앞두고 하는 도박은 반드시 패한다. 그러므로 여유롭게 접근해야 한다. 10년짜리 적금이라고 생각하고 주식 투자에 임하는 것이 나을 수 있다.

그러면 '물리더라도(손실 중이더라도) 아직 시간이 되지 않았구나' 생각하며 버틸 수 있다. 물론 회사 자체의 펀더멘털이 바뀌었다면 손절해야 할 때도 있지만, 그런 것이 아니라 회사도 시간이 필요한 상황일 수도 있다.

그러다가 별안간 정치인 테마주에 편승하거나 별의별 이상한 테마로 급등할 때도 있고, 생각지도 못한 정책이 호재로 작용하기도 하고, 피어 그룹의 상승으로 동반 상승할 때도 있다.

물론 이런 요행이 아니라 기본적으로 가치 투자가 동반되어야 하지만, 우리나라에서는 아직까지 가치 투자보다는 앞에서 말한 이벤트로 수익을 주는 것이 현실이다.

주가는 정말 종잡을 수 없을 정도로 다양한 이유로 움직인다.

나만의 투자 격언

상장폐지도 여러 번 당해보고, 빚으로 오래 고생해왔으며, 회사를 창립한 지 얼마 안 되어 코로나19 팬데믹으로 주가 급락 시기를 겪었다. 언젠가 투자의 대부가 되어 누군가 내 말에 귀 기울여준다면 이런 이야기를 하고 싶었다.

잃어도 된다. 투자 판단이 틀려도 된다. 하지만 확실한 건 살아남은 자가 오래간다는 사실이다. 살아 있는 자에겐 언젠가 기회가 찾아온다. 투자를 할 때 100% 자신의 생각이 옳을 순 없다. 전체 승률이 51%면 이겼다고 볼 수 있다. 100% 옳음을 입증하려 하다가 0%에 이르지 말자. 정말 신신당부한다.

실수는 할 수 있다. 다음 종목에서 만회하면 되니까. 이건 인생에서도 적용된다. 실수는 할 수 있다. 다음 기회에 만회하면 되니까.

다만, 실수하지 않으면 실패가 된다. 손실 난 종목을 끝까지 보유하고 싶다면, 팔고 난 후에도 다시 사고 싶은지 생각하고 판단해보라.

가장 중요한 것을 말해주고 싶다. 최고의 투자는 바로 당신 자신에게 하는 투자다. 진정 현명한 투자자라면 모두 알고 있는 사실이다. 자신에게 투자를 하고 있지 않다면, 당신은 투자에 대해 기초부터 다시 배워야 한다. 더 가치 있는 것이 무엇인지 아직 모르고 있기 때문이다.

마지막으로 나는 당신이 이 책을 사는 데 들인 책값이 당신의 긴 여정에서 가장 가치 있는 투자였길 간절히 바란다.